Lawrence LeShan

Mit Meditation zum Wohlfühlgewicht

Lawrence LeShan

Mit Meditation zum Wohlfühlgewicht

Aus dem Amerikanischen
von Judith Mayer

Herder
Freiburg · Basel · Wien

Titel der amerikanischen Originalausgabe:
Meditating To Attain A Healthy Bodyweight
© 1994 by Lawrence LeShan, Ph.D.
Published by arrangement with Doubleday, a division of Bantam
Doubleday Dell Publishing Group, Inc.

Gedruckt auf umweltfreundlichem, chlorfrei gebleichtem Papier
Alle Rechte vorbehalten – Printed in Germany
© für die deutsche Ausgabe: Verlag Herder Freiburg im Breisgau 1998
Herstellung: Freiburger Graphische Betriebe 1998
ISBN 3-451-26486-2

Dieses Buch ist Eda LeShan gewidmet,
die mich den Mut und die Würde zu verstehen lehrte,
die wir Menschen auf der Suche nach Gesundheit
und Weiterentwicklung aufbringen.

Inhalt

Über den Autor

von Eda LeShan

Als es darum ging, eine Einleitung zu verfassen, die beschreiben und erklären sollte, wie der Autor dazu kam, sich mit diesem Thema zu befassen, fiel dies scheinbar ganz selbstverständlich mir zu.

Auf den ersten Blick mag es so aussehen, als hätten Meditation und Diät nichts miteinander zu tun. Tatsächlich jedoch sind beide eng miteinander verknüpft. Über viele Jahre war es ein zentrales Thema von Larrys Tätigkeit als Psychologe: Es geht um die Verbindung von Körper und Seele und ihre Gesundheit.

Bereits im Jahre 1950 erfuhr Larry von seinem Kollegen Dick Washington, der damals einen Test zur psychologischen Diagnostik mit einer großen Zahl von Versuchspersonen durchführte, daß Krebspatienten bestimmte Gemeinsamkeiten aufzuweisen schienen. Beide hatten das Gefühl, es könne sich lohnen, diese Spur weiterzuverfolgen.

Bei der Arbeit mit Krebspatienten, deren Zustand als hoffnungslos galt und die kurz vor ihrem Tod standen, entwickelte Larry eine besondere Form der Psychotherapie, von der er hoffte, daß sie hilfreich sein könnte. Später wurde ihm klar, daß er damit versuchte, das Immunsystem zu stärken, dessen Bedeutung und Funktionsweise erst näher bekannt wurden, als er mit seiner Arbeit bereits begonnen hatte.

Etwa fünfzehn oder zwanzig Jahre später hatte sich auf diesem Gebiet eine ganz neue Sparte der Psychologie etabliert, und Larrys Interesse an der Verbindung von Geist und Körper entwickelte sich in eine andere Richtung – er befaßte sich mit außersinnlicher Wahrnehmung, Parapsychologie und seelischem Heilen.

9

Nachdem er so viele Berichte gelesen hatte, wie er nur bekommen konnte, gelangte er zu der Überzeugung, daß es tatsächlich ganz außergewöhnliche Formen mentaler Aktivität gibt. Diese treten dann auf, wenn ein einzelner Mensch oder eine Gruppe zu einem besonderen Grad des Bewußtseins gelangt, der mitunter bemerkenswerte paranormale Ereignisse auslöst. Vielfach wird dieser Bewußtseinsgrad durch intensive Meditationsübungen erreicht. Larry beschäftigte sich mit den bedeutenden religiösen Mystikern und Sehern und untersuchte ihre Beschreibungen des Eintretens in eine „andere Wirklichkeit". Er war überrascht, als er herausfand, daß Physiker Phänomene beschrieben, die mit dieser „anderen Wirklichkeit" exakt übereinstimmten.

Im Laufe mehrerer Jahre arbeitete er sich durch eine Reihe von Meditationsübungen hindurch, um den Bewußtseinsgrad zu erreichen, der erforderlich war, damit parapsychologische Ereignisse stattfinden konnten. Dabei ging es ihm nicht darum, die Zukunft vorhersagen oder aus Karten lesen zu können. Er hatte vielmehr das Gefühl, daß ein anderer Aspekt seiner Arbeit an alternativen Formen der Wirklichkeit von Nutzen sein könnte: die seelisch verursachte Heilung. Im Zuge einiger Experimente, die er selbst anstellte (zum Teil mit unserer Tochter und mir als ersten Versuchspersonen), gewann er den Eindruck, daß diese Fähigkeit zu heilen ein wirkungsvolles Mittel der Seele sein könnte. Auf der Busfahrt zu einer Anti-Vietnamkriegs-Demonstration in Washington „heilte" er die verbrannten und stark geschwollenen Finger seiner Tochter, und als ich mir in Kalifornien eine Hand in der Kofferraumklappe des Autos quetschte und wir erwogen, ein Krankenhaus aufzusuchen, was vielleicht bedeutet hätte, daß man mir Finger amputieren würde, beschlossen wir, die neue Methode auszuprobieren. Nach ein paar Minuten konnte ich meine Hand wieder voll gebrauchen und hatte keine Schmerzen mehr. Kurze Zeit später gab es Hunderte solcher Geschichten, die alle sorgfältig aufgezeichnet wurden. Die Geschichten von „Verrückten" und „Wirrköpfen" waren dabei nicht inbegriffen. Larry bestand auf einer strengen experimentellen Erforschung. Inzwischen gibt es zu diesem Thema mehrere Bücher.

Larry gelangte schließlich zu dem Entschluß, daß seelisches Heilen möglicherweise auch anderen Menschen vermittelt werden könnte, und zwar durch das intensive Arbeiten mit spezifischen, sorgfältig ausgewählten Meditationen. Ich stand dem sehr skeptisch gegenüber und beschloß, eines seiner ersten Seminare zu besuchen, um zu verstehen, was er da eigentlich machte. Dieses Seminar veränderte mein Leben grundlegend. Ich, die ich immer im „Hier und Jetzt" gelebt hatte, sah mich plötzlich in der Lage, in einer anderen Form von Wirklichkeit zu leben. Ich bin als Agnostikerin erzogen worden und kann heute die tägliche Realität als eine von vielen Mythen akzeptieren. Ich kann meditieren und manchmal sogar heilen.

Die Heilkraft der Seele zu entwickeln und Meditation bleiben ein Bereich des konstanten inneren Wachstums und der Weiterentwicklung. Vor vielen Jahren sind wir beide zu dem Schluß gelangt, daß meditieren zu lernen – das heißt zu lernen, sein Bewußtsein in neuartiger Weise einzusetzen – bei einer Vielzahl von Problemen hilfreich sein könnte. Wir meinten, daß spezifische Meditationen Menschen dabei helfen könnten, mit Herausforderungen fertigzuwerden, die sie in ihrem täglichen Leben scheinbar nicht bewältigen konnten.

Die Meditationen und Übungen, die in diesem Buch beschrieben werden (und die Larry selbst und andere in zufriedenstellender Weise ausprobiert haben – und Larry ist ein strenger Experimentator), haben sich bei vielen Menschen als hilfreich erwiesen, die schon viele Versuche abzunehmen hinter sich hatten.

1 ■ Meditieren, um ein gesundes Körpergewicht zu erlangen

Henry war ein neununddreißigjähriger Rechtsanwalt, der bis auf kurze Unterbrechungen die meiste Zeit seines Lebens übergewichtig gewesen war. Er hatte alle bekannten Diätformen ausprobiert und mit Hilfe der meisten etwas an Gewicht verloren, aber danach auch immer recht schnell wieder zugenommen. Er hatte an Gruppentreffen teilgenommen und war zweimal jeweils für einige Wochen in Diätkliniken gegangen, hatte wiederum abgenommen und binnen weniger Monate sein altes Gewicht wiedererlangt. An seinem vierzigsten Geburtstag kam er zu mir. Inzwischen hatte sich sein Übergewicht zu einem gravierenden Gesundheitsproblem entwickelt. Er bat mich, ein Meditationsprogramm auszuarbeiten, um damit fertigzuwerden.

Henry erwartete, daß ich ihm eine einfache Meditationsübung geben würde, mit der er schnell und einfach Gewicht verlieren würde – so ähnlich, wie man bestimmte Kleider aus dem Schrank holt oder in die Apotheke geht, um sich Kopfschmerztabletten zu besorgen. Als wir uns dann unterhielten, wurde ihm klar, daß er wohl, wenn es so eine Art mentaler Pille, die bei jedem helfen würde, tatsächlich gäbe, schon vor langer Zeit darauf gestoßen wäre. Ein wirksames Übungsprogramm, so wurde ihm im Gespräch klar, muß jedoch gut ausgearbeitet sein und spezifisch auf ihn zugeschnitten werden. Es kann dann nicht einfach für jeden beliebigen Menschen passen. Gemeinsam entwarfen wir ein Programm mit vier Teilen, das ihm dabei helfen sollte, Gewicht zu verlieren und nicht wieder zuzunehmen. Dieses Programm baut auf dem auf, was die Menschheit in ihrer jahrtausendalten Erfahrung mit Meditation gelernt hat. Und es bezieht sich auf die wissenschaftlichen Erkenntnisse der letzten hundert Jahre über die Beschaffenheit des menschlichen Geistes und wie man ihn am besten einsetzt, um bestimmte Ziele zu erreichen. Dieses Buch beschreibt, wie auch andere Menschen diese Methodik dazu benutzen können, ihr ganz persönliches Übungsprogramm zum Abnehmen zu entwerfen.

Henrys vierteiliges Programm begann mit Meditationen, die seine Fähigkeit stärken sollten, geistig mit Problemen fertigzuwerden und sein Vertrauen in diese Fähigkeit unterstützen sollten. Dies sollte ihm schließlich dabei helfen, später wirkungsvoll mit Schwierigkeiten und Versuchungen umzugehen. Auch ein Sportler, der an einem bestimmten Wettkampf teilnehmen will, beginnt zunächst mit einem allgemeinen Körpertraining, bevor er ein spezifisches Training zum Beispiel in Stabhochsprung oder Marathonlauf aufnimmt.

Der zweite Teil des Programms war eigens daraufhin entworfen, Henry beim Abnehmen zu unterstützen und ihm dabei zu helfen, das für ihn individuell gesunde Körpergewicht zu erlangen. Um im Bild des Sportlers zu bleiben: Dies ist das besondere Training für den einzelnen Wettkampf.

Der dritte Teil des Programms umfaßte verschiedene Meditationen für die besonders harten und entmutigenden Zeiten, die jeder Mensch bei dem ernsthaften Versuch erlebt, sich zu verändern. Was tun wir, wenn es richtig schwierig wird? Wenn wir das Gefühl haben, nicht mehr weiterzukönnen, weil unsere Entschlossenheit und Energie verlorengehen? Dieser Teil des Programms ist für solche Zeiten.

Der vierte Teil bestand aus Übungen, mit denen Henry sein Leben realistisch betrachten und herausfinden sollte, wie er mehr Freude und Energie daraus gewinnen könnte. Denn er würde ja schließlich einiges von dem Vergnügen, das er aus dem Essen bezog, aufgeben müssen. Deshalb brauchte er andere und vor allem realitätsbezogene Formen des Vergnügens als Ersatz. Was würde, realistisch gesehen, für diesen besonderen Menschen Henry erfolgreicher sein als sein gegenwärtiges Verhalten? Welchen Erfolg wünscht er sich wirklich, und wie würde er ihn beschreiben? Und schließlich: Was könnte Henry tun, um ihn zu erreichen?

Henry meinte, daß er mit diesem Programm arbeiten und es auch durchhalten könnte. Er verlor soviel Gewicht wie nötig war, damit er sich in seiner Haut wohlfühlte. Seither hat er sein neues Gewicht gehalten – abgesehen von geringen Gewichtsschwankungen um ein paar Pfund* mehr oder weniger. Er ist mit seinem Leben zufrieden und hat Freude daran.

Helen wollte unbedingt fünfzehn Pfund weniger wiegen und dieses Gewicht dann auch halten. Mit Hilfe verschiedener Diäten hatte sie es auch geschafft, so viel abzunehmen, aber bereits im Laufe eines Jahres hatte sie wieder zugenommen. Dünner fühlte sie sich besser und gesünder und fand, daß sie besser aussah, aber sie nahm immer wieder in relativ kurzer Zeit ebensoviel zu, wie sie zuvor abgenommen hatte.

Wir besprachen die Möglichkeiten und Schwierigkeiten, die vielleicht auftauchen könnten, wenn Helen mit Hilfe von Meditation versuchen würde, mit ihren Problemen klarzukommen. Sie entschied sich, noch einen Versuch zu unternehmen. Sie beschloß, an fünf Tagen in der Woche täglich eine halbe Stunde zu meditieren. Ihre Wochenenden waren eher unorganisiert und hektisch, und sie hatte das Gefühl, daß der Versuch, auch samstags und sonntags zu meditieren, möglicherweise das gesamte Programm scheitern lassen könnte. Als erste Übung, bei der es darum geht, zunächst einmal ganz allgemein meditieren zu üben, wählte sie eine fünfzehnminütige Atemzähl-Meditation aus. Als zweites suchte sie sich eine Übung des „Tausendblättrigen Lotus" aus, die sie ebenfalls fünfzehn Minuten meditierte. Im Zentrum dieser Meditation sollte das Wort „hungrig" stehen. Zusätzlich nahm sie an jedem zweiten Tag eine Mahlzeit schweigend ein und führte eine „Ein-Punkt"-Meditation durch (die Einzelheiten dieser Meditationstechnik werden im zweiten und dritten Kapitel vorgestellt).

---

* Im Englischen und Amerikanischen entspricht ein Pfund 0,453 kg. Anm. d. Ü.

Einige Wochen lang lief alles gut. Helen hatte während dieser Zeit den Eindruck, daß sie weniger aß und sich nicht mehr so oft hungrig fühlte. Dann kam eine Zeit, wo sie beruflich großer Belastung ausgesetzt war. Sie fing an, sich zwischenzeitlich sehr hungrig zu fühlen und sich dann in „Freßorgien" zu stürzen. Deshalb suchte sie sich zusätzlich zu ihrem regulären Programm eine Mantra-Übung aus, die sie von Montag bis Freitag jeweils weitere fünfzehn Minuten lang meditierte. Ein Mantra ist ein Satz, den man immer und immer wieder wiederholt und dabei versucht, sich nur auf den Inhalt dieses Satzes und nichts anderes zu konzentrieren. Helen wählte für sich das Mantra: „Ich bin für mein Leben verantwortlich." Etwa zwei Wochen später hatte sie den Eindruck, daß ihr Programm zum Abnehmen wieder richtig zu laufen und zu funktionieren schien. Sie verwendete das Mantra weiterhin neben den zuvor gewählten Übungen.

Sie hatte sich entschieden, sechs Wochen lang zu üben. Nach dieser Zeit überdachte sie, wie es ihr damit ergangen war. Sie entschied sich dann, mit dem gleichen Programm weiterzumachen. Sie änderte nur das Wort, um das sich die Übung des „Tausendblättrigen Lotus" zentrierte: es hieß jetzt „Essen". Sie übte nochmals sechs Wochen und danach nochmals weitere sechs Wochen. Danach hatte sie nicht nur soviel Gewicht verloren, wie sie vorgehabt hatte. Sie war auch überzeugt und zuversichtlich, ihr neues Gewicht auch zukünftig halten zu können. Das Essen schien irgendwie kein Problem mehr zu sein. Sie beschloß, auch den nächsten Teil des Programms zu probieren, um ihre Lebensfreude zu steigern und eine größere Zufriedenheit aus den Dingen zu gewinnen, an denen sie zuvor bereits Freude hatte. Helen begann mit zwei Übungen, die im siebten Kapitel beschrieben werden, der Übung „Jeden Mittwoch" (S. 117/118) und der Übung „Wunder über Nacht" (S. 121–123). Von diesen Übungen aus arbeitete sie sich im Laufe der Zeit zu anderen Übungen vor.

Inzwischen hat sie ihr erstes Jahr hinter sich. Sie hat ihr Gewicht gehalten und empfindet ihr Leben als ausgefüllt und erfreulich. Sie freut sich auf neue Abenteuer.

Marvin, 28 Jahre, war seit seiner Kindheit schwer übergewichtig. Als er sich entschied, es mit Meditation zu probieren, wog er 405 Pfund bei einer Größe von 1,65 Meter. In seiner Kindheit gab es starke seelische Beeinträchtigungen, die sicher mit dazu führten, daß er zuviel aß. Doch auch eine intensive psychotherapeutische Behandlung im Erwachsenenalter war nicht erfolgreich. Die Diät-Organisationen und -Gruppen, denen er sich angeschlossen hatte, hatten nur eine zeitweilige Besserung gebracht. Nach einem längeren stationären Aufenthalt in einer Diätklinik hatte er etwa die Hälfte des Gewichts verloren, das er unbedingt loswerden mußte. Doch ein Jahr später hatte er wieder sein altes Gewicht erreicht. Er haßte sich selbst und fühlte sich sehr schlecht, wenn er sich im Kino oder in einem Bus an anderen Menschen vorbeiquetschen mußte. Und immer, wenn er sich schlecht fühlte, versuchte er, sich mit Essen darüber hinwegzutrösten. Sein Arzt sagte ihm immer wieder, daß er mindestens 150 Pfund abnehmen mußte, wenn er nicht ernsthafte gesundheitliche Probleme bekommen wollte, aber Marvin schaffte es einfach nicht. Das Meditationsprogramm sollte ein letzter Versuch sein. Marvin redete mit seinem Arzt darüber, und dieser meinte, daß es einen Versuch wert sei und daß er ihn im Verlauf des Programms regelmäßig untersuchen würde.

Wir besprachen zunächst ausführlich die Medititation und mögliche Problempunkte. Dann stellte Marvin sich ein Programm zusammen, für das er jeden Tag vierzig Minuten brauchte und mit dem er gleich nach dem Aufwachen begann. Als allgemeine Meditationsübung wählte er, sich einen hellen Punkt vorzustellen, der auf einem festgelegten Weg um seinen Körper wandert: von der rechten Fingerspitze aus beide Beine hinunter, wieder hoch zur linken Fingerspitze und über den Kopf zurück zum Ausgangspunkt. Darauf konzentrierte er sich pro Tag fünfzehn Minuten. Danach machte er zehn Minuten lang eine Atemzähl-Übung. Als spezielle Meditation zum Gewichtsverlust wählte er folgende Übung: Er konzentrierte sich darauf, in welchem Teil seines Körpers er Hunger „fühlte". Mit einer speziellen Technik nahm er aus diesem Körperteil dann diese Anspannung (Einzelheiten dazu im dritten Kapitel). Und dann entschied er sich, vor jeder Mahlzeit fünfzehn Minuten lang eine „Zentrierungsübung" zu machen. Und eine Mahlzeit pro Tag wollte er ruhig essen und dabei die Übung „Ein-Punkt" machen. Diese besteht darin, daß man sich auf eine Sache und sonst gar nichts konzentriert: Marvin achtete dabei ausschließlich darauf, wie sich sein Mund während des Essens anfühlte.

Fast einen Monat lang schien sich das Programm zu bewähren. Während dieser Zeit fühlte sich Marvin weniger hungrig und „überfraß" sich nur zweimal, weil er sich angespannt gefühlt und ein gesteigertes Bedürfnis zu essen verspürt hatte. Deshalb fügte er noch eine intensive Meditation hinzu, die „Sicherer Hafen" genannt wird (ihre Einzelheiten werden im vierten Kapitel beschrieben). Nachdem er diese Übung eine Woche lang gemacht hatte, schien die Anspannung abzunehmen, und er konnte wieder zu seinem urspünglichen Programm zurückkehren.

Er setzte sein Programm ein Jahr lang fort. Jeweils nach fünf Wochen überlegte er, ob die einzelnen Übungen ihm etwas brachten – da sie ihm jedoch effektiv zu sein schienen, machte er nur minimale Änderungen. Nach Ablauf des Jahres begann er mit einigen Übungen aus dem sechsten Kapitel, um mehr Lebensfreude zu finden. Für sein Alter ist er immer noch stark übergewichtig, aber er fühlt sich besser. Und es beginnt ihm sogar Spaß zu machen, ins Fitneßstudio zu gehen. Es bringt ihn nicht mehr in Verlegenheit, sich in der Öffentlichkeit zu bewegen. Sein Arzt begrüßt all das sehr, betont jedoch auch, daß Marvin noch einen weiten Weg vor sich hat.

◼

Im Verlauf der gesamten Menschheitsgeschichte hat es Menschen gegeben, die nach Wegen suchten, ihren Geist weiterzuentwickeln und ihrem eigenen Potential näherzukommen. Sie trainierten ihren Geist ähnlich wie ein Sportler oder eine Sportlerin den Körper. Und ein Effekt dabei ist, freier in der Wirklichkeit umherstreifen und mehr Freude am Leben empfinden zu können. Wann und wo auch immer diese Menschen lebten – ob in Indien sechs Jahrhunderte vor Christus oder in der Zeit der griechischen und römischen Klassik, in mittelalterlichen Klöstern, im Spanien des 12. Jahrhunderts oder im Polen und Rußland des 18. Jahrhunderts –, die Methoden, die sie unabhängig voneinander entwickelten, sind einander sehr ähnlich. Heute nennen wir diese Methoden „Meditationen". Sie haben alle das Ziel, Menschen zu befähigen, mehr vom Leben zu haben und sich effektiver in die Richtung entwickeln zu können, die sie möchten.

Meditationen sind ein Mittel, mit dem man den eigenen Geist und die eigene Persönlichkeit beeinflussen kann. In einem Fitneßstudio erlernt man bestimmte Techniken, die den Körper beeinflussen – es gibt verschiedene Trainingsgeräte, Gewichte, Laufbänder usw. Sie wirken sich unterschiedlich auf den Körper aus – einige kräftigen eher die Muskeln, andere stärken Herz und Lunge usw. Ähnlich unterschiedlich wirken auch die Meditationen. Sie sollten Sie sorgfältig auswählen. Denn es spielt eine Rolle, wer Sie sind und was Sie anstreben. Wo, wann und wie Sie meditieren, kann von Mensch zu Mensch variieren. Es gibt kein „Patentrezept", das für alle Menschen gleichermaßen gilt – ebenso, wie es kein Medikament gibt, das bei allen Menschen jede Krankheit heilt, gibt es auch keine Meditation, die bei jedem Menschen jedes Problem löst.

Und es gibt auch kein Idealgewicht, das sich unabhängig von Körpergröße und Geschlecht auf alle Menschen anwenden ließe. Wir besitzen unterschiedliche Knochenstrukturen und unterscheiden uns in bezug auf unseren Körperbau. Auch unser endokrines System und Verdauungssystem ist unterschiedlich – wie auch alles andere. Wenn wir etwa die Fingerabdrücke anschauen, erscheinen uns die Unterschiede selbstverständlich – doch die meisten vergessen dies, wenn es um Regeln geht, die möglichst für alle gelten sollen.

Und so ist es auch für bestimmte Menschen viel schwieriger abzunehmen als für andere. Inzwischen weiß man, daß die Erbanlagen maßgeblich bestimmen, wie der Körper die Nahrung verwertet, die man zu sich nimmt. Bei exakt derselben Ernährung, demselben Maß an Bewegung und demselben Kaloriengehalt der Nahrung nehmen manche Menschen zu, während andere ihr Gewicht halten und andere sogar abnehmen. Es scheint komplexe genetische Strukturen zu geben, über die man noch wenig weiß und die bestimmen, wie der Körper reagiert. Dies ist ein Grund, warum nicht jede Diät bei jedem Menschen gleich gut wirkt.

Und so können Sie Ihr persönliches Körpergewicht auch nicht durch die Bilder von Werbung und Illustrierten bestimmen lassen. Nicht für jeden ist es gut, dünn wie ein Strich zu sein und einen Taillenumfang von 60 cm zu haben. Dies mag das Ziel eines Modells sein, das auf der Titelseite der „Vogue" erscheinen möchte. Sie aber sollten sich mit ihrem angestrebten Körpergewicht wohlfühlen, und Ihr Arzt sollte es nicht bei jeder Untersuchung von neuem zum Thema machen. Sie sollten mit Ihrem Gewicht in einem vernünftigen, Ihrem Alter angemessenen Ausmaß sich bewegen und Sport treiben können. Ich betone dies deswegen so, weil wir in einer Zeit leben, in der wir durch die Werbung immer unzufriedener mit unserem Gewicht werden – die uns dann wieder ihre Dienste verkauft. Schon Kinder im Grund- und Hauptschulalter entwickeln aufgrund dieses Drucks Eßstörungen: Sie wollen dünn genug werden, um als attraktiv zu gelten. Falls Sie glauben sollten, daß Sie schön sein und sich wohlfühlen werden, wenn Sie aussehen wie ein Verhungernder, dann ist unbedingt die Hilfe eines Psychotherapeuten angesagt. Eine Methode, die Ihnen dabei hilft, das Ihnen angemessene Gewicht zu erreichen, wird Ihnen dann zunächst nicht helfen.

Jeder der vier Teile des Programms zur Gewichtskontrolle wird in einem eigenen Kapitel genau erklärt. Bevor wir uns jedoch den Details zuwenden, lassen Sie mich einiges über den Prozeß des Meditierens vorausschicken.

– Wieviel Zeit sollten Sie sich jeden Tag nehmen, um zu meditieren? Darüber sollten Sie selbst entscheiden. Ich schlage für den Anfang etwa eine halbe Stunde pro Tag vor. Seien Sie jedoch realistisch. Wenn Sie wissen, daß Sie das doch nicht tun werden

15 - 20 min genügen

(und Sie kennen sich selbst sehr gut), dann setzen Sie ein Zeitpensum fest, das Sie schaffen können. Ich wünsche mir zum Beispiel oft, jemand zu sein, der eine Stunde am Tag meditieren kann. Ich bin aber nicht so, und das weiß ich. Wenn ich mir dies nun trotzdem vornehmen würde, würde ich schon im Laufe der ersten Woche anfangen, die Zeit zu verkürzen (und mir gleichzeitig das Versprechen abzunehmen, das Versäumte am nächsten Tag wieder wettzumachen). Und dann würde ich ganze Tage auslassen – und mir dabei das Versprechen geben, am nächsten Tag doppelt soviel zu tun. Letztendlich würde ich dann nach zwei Wochen ein „Soll" von zehn Stunden haben. Das gesamte Programm ist dann durcheinander. Ich entscheide mich daher für einen Zeitrahmen, den ich wirklich einhalten kann, und verpflichte mich dazu, mich daran zu halten. Und ich tue, was ich kann, um dabei zu bleiben!

Die meisten von uns halten zwar die Versprechen, die sie anderen gegeben haben, Versprechen sich selbst gegenüber hält man nicht so leicht ein. Ein Ziel der Meditation ist zu lernen, sich selbst ernst zu nehmen als einen Menschen, der beschützt und gut versorgt werden sollte. Dazu gehört, daß man die Versprechen hält, die man sich selbst gibt.

– Es wird sicher einmal Tage geben, an denen Sie einfach nicht in der Lage sind, sich Zeit zum Meditieren zu nehmen. Unerwartete Situationen füllen die Zeitspanne, in der Sie normalerweise meditieren, und der Rest des Tages vergeht damit, daß man ein Problem nach dem anderen lösen muß. Inzwischen ist es mitten in der Nacht, und Sie sind müde und erschöpft. Die Versuchung ist groß, sich zu sagen, es habe nun keinen Zweck mehr, mit dem Meditieren zu beginnen. Man fühlt sich zu müde und meint, daß es deswegen überhaupt nichts bringen würde zu üben und man morgen daher doppelt soviel tun würde. Dieser „Mitternachtsblues" ist eine der häufigsten Fallen auf dem Weg der Meditation. Wenn Sie in diese Falle hineingeraten, wird dasselbe immer und immer wieder passieren, und schließlich werden Sie Ihr gesamtes Programm aufgegeben haben. Es geht aber darum, zu meditieren, egal wie müde Sie sind. Oft werden Sie gerade diese Sitzungen als besonders erfüllend empfinden. Und wenn Sie dies ein paarmal gemacht haben, werden Sie feststellen, daß wunderbarerweise tagsüber die Zeit zu Meditieren da ist. Sie wird einfach „auftauchen".

– Wo und wann meditieren Sie? Sicherlich ist es hilfreich, es jeden Tag zur selben Zeit und am selben Ort zu tun. Es ist schön, eine spezielle Zeit zum Meditieren zu haben und einen Ort, an dem man sich wohlfühlt, um zu üben. Dies ist jedoch nicht dringend erforderlich, falls es bei Ihnen nicht möglich sein sollte. Suchen Sie sich eine Zeit und einen Ort aus, wo Sie möglichst wenig gestört werden. Wenn Ihr Tagesablauf Ihnen vorschreibt, jeden Tag an einem anderen Ort und zu einer anderen Zeit zu meditieren, machen Sie weiter. Etwas, was so kostbar und zerbrechlich ist, daß man es nur unter idealen Bedingungen tun kann, ist vielleicht gar nicht allzuviel wert. Es ist jedoch angenehm, sich Bedingungen zu schaffen, die dem Ideal so nahe wie möglich kommen. Also überlegen Sie, wo und wann Sie meditieren, und tun Sie Ihr Bestes, um es in die Tat umzusetzen.

– Wie wissen Sie, daß Ihre Meditationszeit vorbei ist? Lassen Sie uns annehmen, Sie wollen fünfzehn Minuten pro Tag eine bestimmte Meditationsübung machen, und Sie tun dies mit geschlossenen Augen. Wie können Sie wissen, wann die fünfzehn Minuten um sind? Die Antwort ist simpel: indem Sie schummeln. Stellen Sie eine Uhr oder Armbanduhr mit gut erkennbarem Zifferblatt vor sich auf, so daß Sie die Zeit durch einen kurzen Blick ablesen können und nicht durch das Ticken abgelenkt werden. Wenn Sie von Zeit zu Zeit gegen die eine oder andere Ablenkung anzugehen haben, schauen Sie auf die Uhr. Nach einer Weile werden Sie nicht mehr so oft auf die Uhr schauen. Sie werden ein so genaues Zeitgefühl entwickeln, daß Sie recht präzise wissen, wann die Zeit vorbei ist, obwohl Sie nur einmal kurz auf die Uhr geblickt haben. Eine andere Möglichkeit besteht darin, sich sanft „wecken" zu lassen, zum Beispiel mit einer Eieruhr. Es gibt inzwischen auch spezielle Uhren, die mit einem Lichtsignal arbeiten. Oder sie umwickeln Ihren Wecker mit einem Tuch. Stellen Sie die Uhr, und machen Sie sich an die Arbeit.

– Man kürzt zwar eine Übung, für die man sich entschieden hat, nicht ab oder läßt sie gar aus – was aber ist, wenn man einmal eine Übung länger machen möchte? Dies können Sie tun, aber übertreiben Sie nicht. Es ist wie mit dem Salz in der Suppe: Ein bestimmtes Ausmaß an Meditation kann sich positiv und hilfreich auf Ihr Leben auswirken. Zuviel nützt nichts. Man kann von allem zuviel haben!

Letzteres wußte man auch in den frühen Tagen der Psychotherapie noch nicht, und oft wurde fünf- oder sechsmal pro Woche eine psychotherapeutische Behandlung von jeweils einer Stunde anberaumt. Dadurch erhöhte sich natürlich das Einkommen der Psychotherapeuten, aber es hatte einen eher negativen Effekt auf den Genesungsprozeß des Patienten. Die Therapie wurde zum Mittelpunkt seines Lebens statt umgekehrt. Manchen Patienten fiel es immer schwerer, Entscheidungen zu treffen, ohne vorher mit ihrem „Seelendoktor" darüber gesprochen zu haben. Bei Psychotherapie und Meditation geht es aber um eine Weiterentwicklung. Ihr Zweck ist es, die Lebensfreude zu erhöhen und dem täglichen Leben mehr Farbe und Wert zu verleihen, nicht aber, es zu ersetzen. Also machen Sie die eine oder andere Meditationsübung länger, wenn Ihnen danach ist, aber geben Sie nicht zuviel Meditation in Ihr Leben, ebenso wie zuviel Salz dem Essen schadet. Zwar reagieren alle Menschen verschieden, und es ist deshalb schwierig, in einer allgemeingültigen Regel zu formulieren, was „zuviel" ist. Doch eines ist sicher: Sie sollten, falls Sie mehr als zwei Stunden täglich meditieren, sich Ihr Leben gründlich anschauen und sich fragen, warum Sie so viel von Ihrer Zeit mit Meditation verbringen. Selbst ein sehr orthodoxer Psychoanalytiker alter Schule würde nicht mehr als zwei Stunden Psychotherapie täglich empfehlen. Man kann die Geschwindigkeit des Wachsens nicht beliebig beschleunigen: Ein Baby braucht neun Monate und eine Eiche zwanzig Jahre, und niemand kann bisher diesen Prozeß beschleunigen. Ich kannte einmal einen sehr klugen Mann, der sich entschieden hatte, sich durch Meditation zu verändern und innerlich zu wachsen. Er meditierte drei Jahre lang sechs Stunden pro Tag, an sechs Tagen in der Woche. Nach diesen drei Jahren gab es eine einzige Veränderung, die man an ihm bemerkte: Er war drei Jahre älter geworden.

Es ist etwas anderes, wenn Sie an einem speziellen Seminar teilnehmen oder sich für eine bestimmte Zeit zur Meditation zurückziehen wollen. Während dieser besonderen Zeiten können wir besonders intensiv arbeiten. Im Osten nennt man dies „zum Berg gehen". Man zieht sich für eine bestimmte Zeit zurück, um sich zu verändern, um neue Erfahrungen zu machen und die Arbeit anders fortsetzen zu können, wenn man wieder zurückkehrt. In den Worten der westlichen Entwicklungstheorie und ihrer Schulen würde man sagen, man geht zum Berg, um dann wieder ins alltägliche (Geschäfts-)Leben zurückzukehren. Das ist der Ort, an dem wir leben – und hoffentlich wesentlich besser nach der Arbeit, die man auf dem Berg geleistet hat und mit der Arbeit, die man durch seine täglichen Übungen tut.

Alle Meditationen dieses Buches sind erprobt und haben sich bewährt, das heißt: Sie sind mit einer großen Zahl von Menschen getestet worden. Die unterschiedlichen Meditationen haben auch unterschiedlich gewirkt: einigen hat eine bestimmte Meditation sehr gutgetan, anderen recht gut geholfen, war für wieder andere nicht so gut und für manche Menschen völlig bedeutungslos. Das gilt für alle Techniken inneren Wachstums, angefangen bei verschiedenen Formen der Psychotherapie über verschiedene Übungs- und Kunstformen bis hin zu den verschiedenen Formen der Meditation.

Bei allen Meditationen dieses Buches haben Sie eine Garantie: Wenn Sie mit diesen Meditationen arbeiten, werden die Dinge passieren, die auftauchen, wenn Menschen meditieren. Bitte erwarten Sie aber keine spektakulären Ereignisse!

– Sollten Sie eine bestimmte Position einnehmen, um zu meditieren? Sollten Sie im asiatischen Lotussitz sitzen, mit untergeschlagenen Beinen, oder mit geradem Rücken auf einem Stuhl oder sonst irgend etwas in dieser Art? Die verschiedenen Schulen der Meditation haben verschiedene Meditationshaltungen empfohlen, und sie stimmen nicht überein. Gemeinsam ist ihnen jedoch dies: Wenn Sie in einer bestimmten Haltung so geübt sind, daß Sie sie über längere Zeit einnehmen können, ohne sich sonderlich unbehaglich oder verkrampft zu fühlen, so ist sie für Sie richtig. Wir Westler fühlen uns meistens am wohlsten in einem Stuhl mit Armlehnen; die Jüngeren unter uns legen sich vielleicht gern auf den Boden. Nehmen Sie eine dieser Positionen ein. Sie können auch meditieren, wenn Sie im Bett liegen – allerdings werden Sie dann Mühe haben, nicht einzuschlafen. Ganz gleich welche Haltung Sie wählen – daß Sie einschlafen, ist relativ wahrscheinlich. Unser Geist widersetzt sich der Meditation und ihrer Disziplin – und dieser Widerstand drückt sich im Einschlafen aus. Alles, was Sie dagegen tun können, ist, sich dessen bewußt zu sein, zu versuchen, nicht einzuschlafen. Falls es doch passieren sollte, kann man sich vornehmen, beim nächsten Mal noch intensiver zu versuchen, wach zu bleiben.

Da wir gerade bei den Schwierigkeiten des Meditierens sind: Es gibt noch etwas Wichtiges, das Sie wissen sollten: Niemand kann lernen, gut zu meditieren! Auch wenn Sie jede Meditation dieses Buches lange und intensiv üben – es wird Ihnen immer wieder passieren, daß Sie abgelenkt werden, daß Ihre Gedanken sich von der Meditation wegbewegen, daß Sie sich leer fühlen usw. Wenn Sie über längere Zeit geübt haben, werden Sie feststellen, daß Ihre Meditationssitzungen unberechenbarer werden. Manche werden „sehr gut" laufen, das heißt, Sie werden über vergleichsweise lange Zeit konzentriert dabeibleiben können, indem Sie einfach wach und aufmerksam sind, bevor Sie mit Ihren Gedanken wieder wegdriften. Es wird aber auch andere Sitzungen geben, in denen Ihr Geist aus einer Herde von Känguruhs zu bestehen scheint, die in ein Wespennest getreten ist: Er springt immer wieder in die verschiedensten Richtungen. Es wird keine stetigen Fortschritt geben – erwarten Sie dies gar nicht erst, wenn Sie nicht eine herbe Enttäuschung erleben wollen. Daß dies unmöglich ist, liegt im Wesen der Meditation. Wenn Ihnen jemand erzählt, er könne meditieren, ohne abgelenkt zu sein, und zwar immer und immer wieder, so heißt das nur, daß er vermutlich in eine Art Trance fällt, sobald er die Meditaiton beginnt, oder daß er vor lauter Freude am Meditieren gewissermaßen sein Bewußtsein „abschaltet". Dies mag ein angenehmes Gefühl sein – mit Meditation hat es aber wenig zu tun.

Verbinden Sie Ihre Meditationssitzung auch nicht mit spezifischen Erwartungen. Wenn Sie drei „gute" oder „schlechte" Sitzungen hintereinander hatten, bedeutet dies nicht, daß die vierte ebenso gut oder schlecht laufen wird. Jede wirklich menschliche Empfindung oder Reaktion ist nicht vorhersagbar. Sie bestehen einfach aus zu vielen verschiedenen Faktoren (über die meisten dieser Faktoren wissen wir nichts Genaues!), als daß sich irgend etwas vorhersagen ließe. Wenn man schon im voraus die Erwartung mitbringt, daß eine Sitzung ganz besonders gut, schlecht oder sonstwie laufen sollte oder daß sie genauso sein sollte wie die vorhergegangene Sitzung, so wird man wahrscheinlich nur diese frühere Sitzung imitieren. So macht man das Meditieren aber eher zu einem Ritual als zu etwas Wirklichem. Unsere Erfahrungen sind ja gerade deshalb authentisch, weil es in ihnen immer etwas Neues und Unerwartetes gibt. Wenn uns eine Erfahrung nicht irgendwie überrascht, dann wird sie vermutlich nur wenig Wirkung auf uns haben.

– Warum widersetzt sich unser Geist der Meditation so heftig? Wir wissen es nicht. Alle jedoch, die sich ernsthaft im Meditieren geübt haben, von den antiken Griechen über katholische Heilige wie Teresa von Avila bis hin zu östlichen Weisheitssuchern wie Ramakrishna berichten davon. Manche haben versucht, eine Erklärung dafür zu finden, andere nicht, aber allen ist es aufgefallen, und alle haben die Stärke dieses Widerstandes bemerkt und sind zu dem Schluß gekommen, daß man sich einfach durch ihn hindurchzukämpfen hat. Wahrscheinlich werden Sie selbst einige interessante Strategien erfinden, um sich der Übung zu widersetzen. Wenn Sie damit klug umgehen, werden Sie sich in diesem Augenblick – oder kurz danach – zu Ihrer Erfindungsgabe beglückwünschen und sich wünschen, im Alltag über ebensoviel Erfindungsreichtum zu verfügen. Und dann kehren Sie wieder zu Ihrer Meditation zurück. Wenn ich später bestimmte Meditationen vorstelle, werde ich auch darauf eingehen, welche Widerstände dabei am häufigsten auftreten. Die verbreitetste Form ist es, daß Sie entweder einschlafen oder aber feststellen, daß Sie schon während einer ganzen Weile an etwas ganz anderes gedacht haben oder einfach ihre Gedanken haben abschweifen lassen.

– Was machen Sie, wenn Sie bemerken, daß Sie an etwas anderes denken, anstatt zu meditieren? Sie können sich selber als dumm und schwach beschimpfen und sich vornehmen, jetzt nicht mehr an etwas anderes zu denken. Diese Reaktion ist verbreitet, aber nicht wirksam. Oder Sie sagen sich: „Tja, meine Liebe/mein Lieber, das ist eben so, weil du auch bloß ein Mensch bist, und Menschen benehmen sich nun mal so, wenn sie meditieren. Los jetzt, weiter geht's." Diese Reaktion ist empfehlenswert: Sie sollten sich selber wie ein Kind behandeln, das Sie sehr lieben und von dem Sie möchten, daß es immer schön auf dem Weg bleibt. Das Kind rennt in eine bestimmte Richtung, um auf einen prächtigen Apfelbaum zu klettern. Sie strecken den Arm aus, ziehen das Kind wieder auf den Weg und lächeln ihm zu. Das Kind rennt in eine andere Richtung, um an einer schönen Blume zu riechen. Wieder strecken Sie den Arm aus und sagen: „Liebes, so sind Kinder eben, aber jetzt gehen wir wieder zurück auf den Weg." Mit anderen Worten: Sie verlangen das beste von sich, aber liebevoll, freundlich und humorvoll. Sie behandeln sich selbst so, wie Sie als Kind gerne behandelt worden wären und wie Sie ein Kind, das Sie lieben, gerne behandeln würden – so, wie hoffentlich alle Kinder dieser Erde eines Tages einmal behandelt werden.

Diese spezifische Einstellung sich selbst gegenüber ist einer der wichtigsten Aspekte oder Teile der Meditation. Aber er ist derjenige, über den am wenigsten geschrieben oder gelehrt wird. Indem Sie sich selbst gegenüber diese Haltung einnehmen, nähren Sie sich selbst. Sie versorgen sich gewissermaßen mit dem idealen „Humus", der ein zukünftiges gesundes inneres Wachstum deutlich erleichtert. Diese Haltung ist im wörtlichen Sinne die Nahrung, die wir brauchen, um uns als Menschen positiv weiterzuentwickeln.

Ebenso wie für einen bestimmten Menschen eine bestimmte Form körperlicher Bewegung besser geeignet ist und für einen anderen Menschen eine andere Bewegungsform, passen auch Meditationen für unterschiedliche Menschen unterschiedlich gut. Es gibt nicht „die" bestmögliche Art zu meditieren, ebensowenig wie es „die" beste Sportart oder „die" beste Diät für jeden gibt.

Vielleicht stellen Sie fest, daß eine bestimmte Meditation für Sie nicht die richtige ist, daß sie in Ihnen negative Empfindungen und Angst auslöst. Bei den Meditationen, die in diesem Buch vorgestellt werden, passiert dies nur sehr selten, aber es kommt gelegentlich vor. Mit negativen Empfindungen meine ich nicht Langeweile oder ein Gefühl von „Ich wäre lieber überall anders als da, wo ich gerade bin". Vermutlich wird diese oder eine ähnliche Empfindung immer wieder einmal auftauchen. Es ist jedoch sehr selten, daß man sich aufgrund einer bestimmten Meditationstechnik ängstlich oder niedergeschlagen fühlt. Sollte dies passieren, wechseln Sie zu einer anderen Meditation. (In all den Jahren meiner Erfahrung mit Meditation ist es nie vorgekommen, daß zwei alternativ zur Verfügung stehende Techniken beide eine negative Reaktion hervorgerufen hätten.) Versuchen Sie nicht, trotz der negativen Empfindungen tapfer weiterzumachen. Heroische Handlungen sind fehl am Platz, wenn es um eine Weiterentwicklung der Persönlichkeit geht. Hartes und konsequentes Arbeiten dagegen ist angebracht und notwendig.

Zum Thema individueller Unterschiede: Lassen Sie mich noch einmal betonen, daß es keine bestimmte Diätform gibt, die für jeden richtig ist. Finden Sie heraus, welche Diät für Sie in einem bestimmten Stadium Ihrer Entwicklung am besten ist. Was für den einen Menschen gut ist, schadet einem anderen, und jeder Ernährungsberater, der ein und dieselbe Diät für jeden vertritt, ist hoffnungslos mit Blindheit geschlagen und altmodisch.

Mir wurde dies klar – und es hat sich wiederholt bestätigt – als ich mit Krebspatienten arbeitete. Es gab keine richtige oder am besten geeignete Ernährungsform für alle. So gibt es zum Beispiel die weithin bekannte makrobiotische Ernährung. Während meiner Arbeit mit Krebspatienten habe ich Menschen erlebt, die damit sehr gut zurechtkamen. Ich habe aber auch Menschen gesehen, die gar nicht gut damit zurechtkamen und bei denen diese Ernährung sich negativ ausgewirkt hat.

Ganz sicher gibt es einige gute allgemeine Leitlinien. Wenn Sie jedoch einen Ernährungsberater heranziehen, dann suchen Sie sich einen, der sich nicht ausschließlich auf die Makrobiotik oder irgendeine ausschließliche Mode beruft, die vielleicht attraktiv zu sein scheint und in den Medien viel Beachtung findet. Ein guter Ernährungsberater stellt Ihnen zunächst eine Menge Fragen, bevor er Ihnen eine bestimmte Diät empfiehlt. Er oder sie sollte zum Beispiel fragen, welche Nahrungsmittel Ihnen Energie verleihen und Sie davon abhalten, nach dem Essen erst einmal „erledigt" zu sein. Nach welchen Nahrungsmitteln sind Sie gierig, so daß Sie nicht mehr aufhören können, davon zu essen, wenn Sie einmal angefangen haben? Sind sie ein „Frühstücksmensch" oder eher ein „Mittagessen-" oder „Abendessenmensch"?

Sind Sie ein Mensch, der pro Tag eine, zwei, drei, vier oder fünf Mahlzeiten braucht, oder nehmen Sie lieber zwischendurch immer mal wieder einen Snack zu sich? Und so weiter und so fort. Ein guter Ernährungsberater wird dann gemeinsam mit Ihnen eine Diät ausarbeiten. Zu einem idealen Team gehört einerseits der medizinische oder professionell arbeitende Experte, der sich in diesem Bereich auskennt und weiß, welche Möglichkeiten vorhanden sind. Andererseits gehört aber auch die wichtigste Autorität der Welt dazu, die weiß, wie Sie sich fühlen und wie Sie geprägt sind – Sie selbst. Wenn diese beiden gleichberechtigt im Team zusammenarbeiten, ist die Chance, ein gutes Resultat zu erzielen, deutlich höher als bei irgendeiner anderen Kombination.

∎

Zu meditieren ist nicht leicht. Sie werden merken, daß es harte Arbeit bedeutet, Arbeit, die Ihre gesamte Aufmerksamkeit erfordert. Ganz gleich, ob die Meditation, mit der Sie arbeiten, eine so strenge Technik ist wie die der Kontemplation (vgl. zweites Kapitel) oder so sanft wie die Übung „Sicherer Hafen" (vgl. viertes Kapitel) – notwendig ist immer, daß Sie sich an die Regeln halten und Ihr Bewußtsein ganz auf die Meditation konzentrieren, um dabeizubleiben.

Es gibt andere Formen der Meditation, die wesentlich einfacher sind als die Übungen, die in diesem Buch vorgestellt werden. Dies sind erholsame, angenehme Meditationen, die Ihnen ganz sicher guttun. Es gibt zum Beispiel eine Übung, bei der Sie sich ohne irgendeine spezifische Vorgabe einfach auf den Rücken legen und ihre Gedanken beliebig wandern lassen. Wenn dann nichts passiert, sprechen Sie sich einen bestimmten Satz (Mantra) vor. Dies täglich zweimal zwanzig Minuten lang zu tun ist zweifellos wohltuend. Was für ein schönes Geschenk machen Sie sich damit: vierzig Minuten am Tag, während derer Sie kein Ziel zu verfolgen haben und nichts tun müssen außer einfach da zu sein.

Im großen und ganzen führt diese Art von Meditation jedoch nicht zu einer wirklichen Veränderung. Einmal mehr bietet sich hier der Vergleich mit einem Fitneßstudio an: Bei diesen Meditationen ist es so, als würden Sie ins Fitneßstudio gehen, um sich in den Whirlpool oder ins Dampfbad zu setzen oder sich massieren zu lassen. Es tut Ihnen sehr gut, aber wenn Sie wirklich Ihre Muskeln oder Ihr Herz-Kreislauf-System trainieren wollen, müssen Sie schon richtige schweißtreibende Arbeit verrichten. Sie müssen joggen oder Gewichte stemmen, ein Nautilus-Gerät bedienen, sich auf ein Trimmfahrrad setzen oder sonst etwas tun. Die Meditationen in diesem Buch sind damit vergleichbar. Ihr Ziel ist es, die Art Veränderung herbeizuführen, die Sie in die Lage versetzt, Ihre Eßgewohnheiten und Ihr Leben im ganzen besser zu kontrollieren.

In den nächsten Kapiteln werde ich alle vier Teile des Programms zur Erreichung eines idealen Körpergewichts besprechen. Sie lauten:

1. Meditationen, mit deren Hilfe Sie Ihren Geist disziplinieren und lernen, mit Problemen und Versuchungen besser zurechtzukommen (zweites Kapitel).
2. Meditationen, die speziell zur Gewichtskontrolle geeignet sind (drittes Kapitel).
3. Meditationen, die Ihnen dabei helfen sollen, die besonders anstrengenden Teile Ihres Programms durchzustehen, und für Zeiten, in denen Sie das Gefühl haben, daß Sie nicht mehr weiterkönnen (viertes Kapitel).

4. Meditationen und Übungen, die Ihnen dabei helfen sollen, Ihr Leben ganz allgemein zu verbessern und neue Dinge anstelle des Essens zu finden, die Sie zufriedenstellen (siebtes Kapitel).

Lesen Sie das gesamte Buch. Für den Start suchen Sie sich danach eine Übung aus dem zweiten Kapitel und eine aus dem dritten Kapitel aus. Probieren Sie zunächst jede Übung drei- oder viermal für jeweils fünfzehn Minuten aus. Dann entscheiden Sie sich für die beiden Übungen, mit denen Sie in Zukunft arbeiten wollen und legen fest, wie lange Sie täglich und über welchen Zeitraum Sie üben wollen. Ich würde vier, fünf oder sechs Wochen vorschlagen. Als nächstes versprechen Sie sich selbst, daß Sie dabeibleiben werden, ganz gleich was passiert, wenn es nicht gerade ein dringender Notfall ist. Damit meine ich zum Beispiel medizinische Notfälle, bei denen Sie mit dem Krankenwagen abtransportiert werden müssen, oder ein Luftwaffengeschwader, das in Ihre Wohnung eindringt. Abgesehen von derartigen Katastrophen verpflichten Sie sich, Ihr Programm durchzuführen. Am Ende des von Ihnen festgesetzten Zeitraumes überlegen Sie, ob Sie mit dem Programm weitermachen möchten. Vielleicht möchten Sie zu einer anderen Meditationsübung wechseln oder den täglichen Übungszeitraum ändern.

Wenn Ihnen die Dinge über den Kopf wachsen und Sie während dieser ersten Zeit das Gefühl haben, daß Sie einfach nicht mehr weiterkönnen, suchen Sie sich eine der Übungen aus dem vierten Kapitel aus. Hier finden Sie Übungen für harte und entmutigende Zeiten. Fügen Sie diese Übung Ihrem Programm hinzu. Ersetzen Sie aber bitte nicht eine der bisherigen Meditationen durch diese neue Übung, sondern machen Sie sie zusätzlich. Suchen Sie sich die neue Übung auf dieselbe Weise aus wie die anderen – probieren Sie alle Übungen aus dem vierten Kapitel aus, entscheiden Sie sich für eine von ihnen und verpflichten Sie sich, diese Übung konsequent durchzuführen.

Es wird harte Zeiten für Sie geben. Veränderung und inneres Wachstum sind niemals leicht. Sie arbeiten daran, die Kontrolle über einen Bereich Ihres Lebens zu gewinnen, der Ihnen viele Sorgen und viel Schmerz bereitet hat. Wenn das einfach wäre, hätten Sie es schon längst getan. Sie können jedoch lernen, die Kontrolle wiederzugewinnen, indem Sie zunächst einmal die Kontrolle über Ihr Meditationsprogramm übernehmen. Sie werden beginnen, Verantwortung für sich selbst zu übernehmen.

Vor einigen Jahren sprachen einige Mitglieder einer harten Gang von Heranwachsenden mit der Leiterin eines Jugendzentrums. Es war in einem Stadtteil von New York, in dem Polizisten nur zu dritt auf Streife gehen. Diese Leiterin erwähnte Meditation, und die Jugendlichen fragten sie, was es damit auf sich habe. Nachdem sie es ihnen kurz erklärt hatte, fragte sie sie, ob sie es einmal damit versuchen wollten. Die Jugendlichen wollten dann aber nicht sie selbst als Lehrerin, sondern denjenigen, der ihr das Meditieren beigebracht habe. Sie rief mich an, und eines Morgens begab ich mich in diesen Stadtteil. Zwei Mitglieder der Gang holten mich an der U-Bahn-Station ab und eskortierten mich, damit ich sicher bis zum Jugendzentrum gelangte. Dort waren vierzehn weitere Jugendliche, und ihre erste Frage galt dem Zweck der Meditation – wozu sollte sie gut sein? Ich schaute mir diese hartgesottenen Jugendlichen an – jeder von ihnen wußte, wie man mit einem Dealer oder einem Polizisten umzugehen hatte und würde bei einem Mittelklasse-Weißen wie mir auch das geringste Zeichen von Unaufrichtigkeit bemerken. Ich wußte, daß ich vollkommen ehrlich antworten mußte. Ich sagte: „Es soll euch dabei helfen, der Boss über euch selber zu sein, euer eigenes Ding zu machen und euch nicht von irgendeinem momentanen Impuls oder davon, was andere euch erzählen oder wie ihr euch gerade fühlt, aus der Bahn bringen zu lassen. Es soll euch dazu bringen, eure eigene Show zu machen." Ich habe nie eine Gruppe erlebt, die härter und konsequenter gearbeitet hätte als diese fünfzehn Jugendlichen an dem langen Tag, den wir miteinander verbrachten.

Wenn Sie also bereit sind, sich zu verpflichten, Ihr eigenes Leben leben zu lernen, zumindest was Ihr Körpergewicht angeht, schlagen Sie das nächste Kapitel auf und lassen Sie uns anfangen.

2 ■ Die ersten Meditationen für Ihr Übungsprogramm

In diesem Kapitel werden Sie eine Reihe von Meditationen finden, die Ihnen dabei helfen werden, mit Ihrem eigenen Geist zu arbeiten. Sie geben Ihnen das Vertrauen, dazu in der Lage zu sein. Sie sollen damit Ihre Fähigkeit steigern, mit inneren und äußeren Problemen fertigzuwerden. Voraussetzung dafür ist, daß Sie regelmäßig üben. Die Übungen werden Sie außerdem sehr schnell von der Vorstellung abbringen, daß Sie oder irgend jemand anderer lernen können, gut zu meditieren und zu einem Experten in Sachen Meditation zu werden. Die heilige Teresa von Avila hat gesagt: „Der Geist eines erwachsenen Menschen ist wie ein ungezähmtes Pferd. Er bewegt sich in jede Richtung außer in die, die man einschlagen möchte." Sie werden schnell herausfinden, wie zutreffend dies ist. Das Wichtige an dieser Art Arbeit ist, die Arbeit zu tun, weil man dadurch lernt, seine Ziele zu erreichen, und nicht, gute Arbeit zu leisten. Es ist so ähnlich wie das Trainieren auf einem Trimmfahrrad in einem Fitneßcenter: Sie erwarten nicht, an einen bestimmten Ort zu radeln, sondern die Erfahrung als solche tut Ihnen gut.

Die erste dieser Übungen wird in Gruppen, die östliche Meditationsformen anbieten, sehr häufig praktiziert. Sie heißt „den Atem zählen".

Sie beginnen diese Übung – ebenso wie alle anderen „innerlichen" Übungen, bei denen der Körper nicht bewegt wird –, indem Sie es sich bequem machen. Lockern Sie Ihre Kleidung und ziehen Sie, wenn möglich, die Schuhe aus. Setzen Sie sich in einen Stuhl mit Armlehnen, legen Sie sich flach auf den Boden, oder nehmen Sie eine beliebige andere Körperhaltung ein, die für Sie am besten geeignet ist. Damit meine ich eine Haltung, bei der es am wenigsten wahrscheinlich ist, daß Sie durch Krämpfe oder Unbequemlichkeit in Ihrer Arbeit unterbrochen werden.

Als nächstes konzentrieren Sie sich auf Ihre Atmung. Zählen Sie bei jedem Ausatmen „eins", „zwei", „drei", „vier", „eins", „zwei" und so weiter. Sie erleichtern sich das Zählen dadurch, indem Sie immer dann, wenn Sie einatmen und zu zählen aufhören, das Wort „und" einfügen. Versuchen Sie nicht, Ihren Atemrhythmus zu verändern oder zu beeinflussen, zählen Sie einfach beim Ausatmen. Das Ziel dabei ist, so wach, aufmerksam und bewußt zu bleiben wie möglich und nur eines zu tun – Ihren Atem zu zählen. Sobald Ihnen auffällt (und das wird häufig der Fall sein), daß Sie davon abgekommen sind, reagieren Sie mit „So sind wir Menschen eben, Liebling. Jetzt zurück an die Arbeit." Konzentrieren Sie sich von neuem und kommen Sie zur Übung zurück.

Ihr Ziel ist es, so sehr damit beschäftigt zu sein, daß Sie gar nicht mehr bemerken, daß Sie es tun. Der Violinist, der eine Passage eines bestimmten Stückes spielt, ist vollkommen von dem eingenommen, was er tut. Bei vollkommener Wachheit, absoluter Aufmerksamkeit und höchster Bewußtheit gibt es in seinem Bewußtsein nur die Konzentration auf die Handlung sowie die Handlung selbst. Es gibt kein Bewußtsein von „Ich spiele jetzt gerade Violine" und auch nichts in der Art von „Jetzt wiederhole ich noch einmal das frühere Thema". Er spielt einfach Violine, und das ist es, dessen er sich bewußt ist. Ganz ähnlich ist es bei einer Kfz-Mechanikerin, die einen Vergaser einzustellen versucht. In ihrem Bewußtsein gibt es nur die Handlung und das Sich-bewußt-Sein der Handlung. Den Gedanken „Jetzt versuche ich gerade den Vergaser einzustellen" gibt es nicht. Einfach vollkommene Konzentration; im Osten wird dies „reine Aufmerksamkeit" genannt. Sowohl der Violinist als auch die Mechanikerin sind vollkommen auf das konzentriert, was sie tun, und sie haben dabei ebensowenig einen anderen Gedanken wie ein Hund, der einen Hasen verfolgt. Von der Schnauze bis zum Schwanz ist der Hund mit dem Hasen beschäftigt – das ist alles. Aber er ist aktiv, und er tut das, was er tut, vollkommen.

Wenn Sie bemerken, daß Sie den größten Teil der Zeit damit

verbringen, abzuschweifen, lassen Sie sich nicht entmutigen. Bemerken Sie es und bemühen Sie sich, wieder zur Übung zurückzukehren. Anderen Menschen ergeht es auch nicht anders, es sei denn, sie haben sich in eine Trance fallen lassen oder in der Begeisterung ihr Bewußtsein „abgeschaltet". Es ist die Arbeit selbst, die gut für uns ist – durch sie erlangen wir Kontrolle und bauen unsere Muskeln auf.

Versuchen Sie dies fünf Minuten lang zu tun. Jetzt.

Denken Sie anschließend über die Erfahrung nach, die Sie gerade gemacht haben. Ich bin sicher, daß Sie jetzt wissen, was die heilige Teresa gemeint hat, als sie den Geist mit einem ungezähmten Pferd verglich! Denken Sie darüber nach, wie Ihr Leben ablaufen würde, wenn Sie über Ihren Körper ebensowenig Kontrolle hätten wie über Ihren Geist. Sie würden noch nicht einmal eine Treppe unversehrt hinuntersteigen können. Ein Fuß würde in die eine Richtung gehen, der andere Fuß in eine andere.

Machen Sie sich jetzt bereit, die Übung nochmals ernsthaft auszuprobieren. Probieren Sie es fünfzehn Minuten lang. Jetzt.

Wie fühlen Sie sich? Befragen Sie sich, und suchen Sie in sich selbst nach der Antwort. Denken Sie darüber nach. Wie lief es? Sie haben gerade erfahren, wie es ist, eine „strukturierte" Disziplin-Meditation durchzuführen. Sie haben erfahren, wie es ist, am eigenen Geist zu arbeiten. Lassen Sie die Erfahrung Revue passieren.

Versuchen Sie sich jedesmal, nachdem Sie meditiert haben, etwas Zeit zu nehmen – etwa 10 bis 15 Prozent der jeweiligen Meditationszeit –, um einfach „dazusein". Verfolgen Sie während dieser Zeit kein Ziel, machen Sie sich kein Programm. Halten Sie einfach körperlich still, und lassen Sie das, was in Ihrem Geist geschieht, einfach geschehen. Sie erlauben sich damit, die Erfahrung gewissermaßen zu „verdauen". Danach fragen Sie sich selbst, wie Sie sich fühlen, und suchen in Ihrem Inneren nach der Antwort. Tun Sie dies regelmäßig nach allen Meditationsübungen. Wenn die Uhr, die Sie in Sichtweite stehen haben, einen gut erkennbaren Sekundenzeiger hat, wird es Ihnen leichter fallen, diese „ziellose" Zeit zu messen. Viele Menschen empfinden es als sehr schwierig, sich eine Zeit zuzugestehen, in der sie kein Ziel oder Programm verfolgen. Sie fühlen sich unwohl und haben das Gefühl, irgend etwas tun zu müssen. Fragen Sie sich, ob Sie ebenso empfinden. Sollte dies der Fall sein, nehmen Sie sich trotzdem diese Zeit – nehmen Sie einfach Ihr Gefühl des Unwohlseins wahr. Wenn Sie auf diese Weise dabeibleiben, wird sich das Gefühl nach einer Weile abschwächen. Sie werden etwas über das „Da-Sein" dazugelernt haben, etwas, das Sie vom „Tun" bereits wußten. Für viele von uns ist dies eine neue Lektion.

Vielleicht fällt Ihnen auf, daß Ihnen beim Meditieren plötzlich die Einsicht kommt, wie ein bestimmtes Problem zu lösen ist, das Sie schon eine ganze Weile beschäftigt. Das ist eine der Methoden, mit denen der Geist sich der Disziplin widersetzt. Nur die wenigsten von uns würden so dumm sein, mit der Meditation weiterzumachen, den Gedanken wieder gehen zu lassen und dadurch die plötzliche Antwort auf eine Frage, mit der man sich schon lange beschäftigt, womöglich wieder zu vergessen. Auf der anderen Seite haben wir uns selbst das Versprechen abgenommen, für eine bestimmte Zeit zu arbeiten. Die beste Methode, damit umzugehen, besteht darin, kurz auf die Uhr zu schauen und sich dann ein Blatt und einen Stift zu nehmen, um die neue Einsicht zu notieren. Nehmen Sie sich dazu soviel Zeit, wie Sie benötigen, um sicherzugehen, daß Sie Ihre Erkenntnis nicht verlieren. Dann schauen Sie erneut auf die Uhr, rechnen sich aus, um welche Zeit Sie mit dem Meditieren fertig sein werden, kehren zu Ihrer Meditation zurück und führen sie bis zum Ende durch – diesmal bei voller Konzentration. Sie arbeiten also so lange, wie Sie sich selbst vorher versprochen haben und verlieren dennoch nicht Ihre Einsicht. Sie haben Ihren Kuchen, und Sie haben ihn auch aufgegessen!

Die zweite Meditationsübung dieses Kapitels wird von vielen Meditationsschulen östlicher und westlicher Provenienz verwendet. Sie wird „Kontemplationsübung" genannt und dürfte unter allen Meditationsübungen etwa am zweitstärksten verbreitet sein. (Die verbreitetste Übung ist das Mantra, das im dritten Kapitel beschrieben wird.) Die folgende Übungsanleitung leitet sich primär aus der westlichen Tradition ab (hauptsächlich aus Evelyn Underhills „Mystik. Eine Studie über die Natur und Entwicklung des religiösen Bewußtseins im Menschen", für mich das beste und verständlichste Buch zum Weg der Meditation).

Zunächst einmal benötigen Sie ein Objekt der Kontemplation. Ich empfehle eine kleine Muschel oder ein Stück einer größeren Muschel, einen Kristall, einen interessant gefärbten Kieselstein oder einen Halbedelstein. Mit anderen Worten: Einen Gegenstand aus der Natur, der interessant und haltbar ist. Sie können auch ein kleines Schmuckstück verwenden, das nicht zu stark ausgearbeitet sein sollte und für Sie gefühlsmäßig nicht zu stark besetzt ist.

Machen Sie es sich bequem. Dann schauen Sie Ihr Objekt an. Sie sollten es nicht für sich selbst mit Worten zu beschreiben versuchen, sondern es einfach nur anschauen. Wenn Sie etwas über die Textur eines bestimmten Seidenstoffes erfahren wollten, würden Sie mit der Hand darüberstreichen und sich auf das Gefühl in Ihrer Handfläche und Ihren Fingern konzentrieren. Wenn Sie einem Musikstück zuhören, das Ihnen gefällt und gut interpretiert wird, würden Sie das Stück oder Ihre Einstellung dazu nicht in Worten beschreiben – vorausgesetzt, Sie hören wirklich zu. Sie würden sich nicht sagen „An dieser Stelle erinnert die Musik an Beethoven" oder „Das ist die Stelle, wo die Oboe in den Vordergrund tritt". Mit anderen Worten: Man verhält sich entweder wie ein Zuhörer oder wie ein Musikkritiker. Zwischen beidem gibt es einen Unterschied. Wenn Sie zuhören, sind Sie sehr bewußt und aufmerksam und hören einfach zu.

Wenn Sie bemerken, daß Sie beim Anschauen des von Ihnen ausgesuchten Objektes Worte gebrauchen, lächeln Sie sich selber nachsichtig zu und reagieren Sie mit dem Satz: „So sind wir Menschen eben, Liebling!" Dann machen Sie sich wieder an die Arbeit. Schon nach kurzer Zeit werden Sie dies erneut tun müssen. Und immer und immer wieder. Denken Sie daran: Niemand „ist gut im Meditieren". Wir alle arbeiten nur daran.

„Liebkosen Sie es mit Ihren Augen", hat Evelyn Underhill geschrieben. „Betrachten Sie es so, wie eine zufriedene Katze über der schönsten Maus brütet, die sie jemals gefangen hat." Schauen Sie einfach. Schauen Sie. Schauen Sie. „Ich verlange nicht von dir", schrieb die heilige Teresa von Avila, „daß du dir tiefe und ernsthafte Gedanken machst. Ich verlange, daß du einfach nur schaust." Schauen Sie das Objekt Ihrer Kontemplation an, wie Sie das Gesicht eines Menschen betrachten würden, den Sie lieben – ohne Worte oder Beschreibungen, einfach nur in dem tiefen Bedürfnis, dieses Gesicht zu kennen.

Versuchen Sie dies fünf Minuten lang zu tun – jetzt.

Danach nehmen Sie sich eine Minute oder länger Zeit, in der sie keinerlei Ziel verfolgen. Bleiben Sie in der Körperhaltung, die Sie eingenommen haben, und lassen Sie das, was in Ihrem Geist passiert, einfach geschehen. Betrachten Sie jetzt nochmals die Erfahrung, die Sie gerade gemacht haben. Wie ist es Ihnen ergangen? Wie fühlen Sie sich jetzt? Erforschen Sie Ihren eigenen Geist und finden Sie heraus, wie Sie sich fühlen.

Wenn Sie soweit sind, versuchen Sie diese Übung komplette fünfzehn Minuten lang zu machen. In den nächsten drei oder vier Tagen werden Sie dies wahrscheinlich wiederholen, bevor Sie entscheiden, ob Sie diese Übung in Ihr Meditationsprogramm aufnehmen möchten oder nicht.

Seien Sie nicht überrascht, wenn Sie herausfinden, daß Sie dieser Form von Meditation beträchtlichen Widerstand entgegensetzen. Es wäre wirklich sehr überraschend, wenn dies nicht so wäre! Eine verbreitete Form des Widerstandes besteht darin, daß man wegdöst. Eine andere Reaktion wird im Zen-Buddhismus „Makyo" genannt. Dabei handelt es sich um einfach strukturierte Halluzinationen, die ganz offensichtlich von irgendeinem Teil des Geistes produziert werden, um sich der Disziplin der Meditation entgegenzustellen. Es kann vorkommen, daß Sie eine Aura um Ihr Meditationsobjekt wahrnehmen. Oder Ihr Objekt wechselt die Größe und scheint abwechselnd größer und kleiner zu sein. Oder Sie haben das Gefühl, als würden leichte Stromstöße durch Ihren Körper laufen. Oder Sie fühlen sich schwerer oder leichter als sonst oder auf eine andere Art anders.

Eine antike Hindu-Handschrift, die etwa im sechsten Jahrhundert vor Christus geschrieben wurde, listet fünfzig solcher Halluzinationen auf – mit dem Hinweis, daß dies nur die am häufigsten auftretenden Formen sind. Ähnlich wie bei anderen Widerständen, ist es auch hier das beste, stolz darauf zu sein, wie erfinderisch der Geist ist, Wege zu finden, sich der Disziplin zu widersetzen. Dann kann man sich wünschen, man wäre im täglichen Leben ebenso kreativ. Und schließlich fährt man in der Übung fort. Jede ernsthafte Meditationsschule warnt davor, solche Erfahrungen überzubewerten – etwa so wie ein fortgeschrittener Meditationsschüler, der bei dem Zen-Meister Dogen lernte. Eines Tages kam er zu Dogen und sagte: „Meister, während ich gestern im Lotussitz saß und meditierte, sah ich ein großes weißes Licht und dahinter den Buddha!" Dogen antwortete ihm: „Das ist gut. Wenn du dich auf deinen Atem konzentrierst, wird es verschwinden."

Die dritte Übung dieses Kapitels ist ebenfalls eine strukturierte Meditation. Bei dieser Übung visualisieren Sie einen Lichtpunkt, der langsam über die Oberfläche Ihres Körpers wandert.

Fangen Sie auch hier wieder damit an, daß Sie es sich bequem machen. Schließen Sie Ihre Augen. Dann stellen Sie sich einen kleinen Lichtpunkt vor, etwa einen halben bis einen Zentimeter im Durchmesser, der sich auf Ihrer rechten Handfläche befindet. Sobald Sie dies klar vor Ihrem inneren Auge haben, lassen Sie den Punkt langsam auf Ihren Handrücken wandern und dann an der Außenseite Ihres Armes entlang nach oben. Lassen Sie den Punkt sich langsam bewegen, Zentimeter für Zentimeter – Hüpfenlassen gilt nicht! Lassen Sie ihn dann Ihren Hals hochwandern, über Ihr rechtes Ohr und Ihren Kopf und an der anderen Seite den anderen Arm entlang wieder hinunter. Wenn der Punkt Ihren linken Handrücken erreicht, lassen Sie ihn in den Handteller wandern und dann an der Innenseite des Armes hinauf bis zur Achselhöhle. Dann lassen Sie den Punkt immer noch langsam an der Seite Ihres Körpers hinunterwandern. Wenn er sich etwa auf mittlerer Höhe des Brustkorbes befindet, lassen Sie ihn um den Brustkorb wandern, dann hinunter zur Taille, rund um die Taille, hinunter zu den Hüften und um die Hüften herum. Lassen Sie ihn dann zur Außenseite Ihres rechten Beines wandern, unter dem Fußgewölbe hindurch und an der Innenseite des linken Beines hoch bis zur Leiste, an der Innenseite des rechten Beines wieder hinunter, unter dem Fuß hindurch, an der Außenseite des Beines wieder hinauf und seitlich am Körper hinauf bis zur rechten Achselhöhle, und an der Innenseite des rechten Armes hinunter, bis der Punkt langsam wieder die rechte Handfläche erreicht, bei der Sie angefangen haben.

Wenn Sie während dieser Reise die Konzentration verlieren, müssen Sie nicht wieder ganz von vorne anfangen. Gehen Sie einfach bis zu der Stelle zurück, an der Sie sich den Punkt zuletzt ganz deutlich vorstellen konnten. Fangen Sie dort von neuem an und fahren Sie fort. Tun Sie dies so oft wie nötig, bis Sie die Reise zu Ende bringen.

Diese Meditation ist weniger komplex, als es auf den ersten Blick erscheinen mag. Nachdem Sie sie ein- oder zweimal durchgeführt haben, haben Sie den Weg im Kopf, den der Punkt nehmen soll, und kommen nicht mehr durcheinander. Die meisten Menschen finden es am schwierigsten, den Punkt um Brustkorb, Taille und Hüften wandern zu lassen. Je weiter Sie mit Ihrem Übungsprogramm vorankommen, desto kürzer und kürzer werden hoffentlich die Strecken werden, die der Punkt an diesen Stellen zurückzulegen hat!

Nachdem Sie mit dieser Meditation erste Erfahrungen gemacht haben, versuchen Sie, die Geschwindigkeit des Punktes dahingehend zu beeinflussen, daß Sie für den gesamten Weg etwa fünfzehn Minuten benötigen. Sie sind es, der bei dieser Übung die Kontrolle hat. Genauso können Sie auch über Ihr Gewicht und Ihr Leben Kontrolle gewinnen.

Nachdem Sie die Übung durchgeführt haben, nehmen Sie sich eineinhalb oder zwei Minuten Zeit, ohne irgendein Ziel zu verfolgen. Lassen Sie Ihren Geist einfach das tun, was er eben gerade tut. Dann betrachten Sie nochmals die Erfahrung, die Sie gemacht haben. Wie war das? Wie fühlen Sie sich jetzt?

■

Probieren Sie diese drei Meditationen drei- oder viermal aus.
Führen Sie jede Meditation etwa fünfzehn Minuten lang durch.
Dann suchen Sie sich eine Übung aus, mit der Sie von nun an regelmäßig arbeiten möchten, fünf- bis siebenmal pro Woche.
Manche Menschen haben ein derart verplantes Wochenende,
daß es besser für sie ist, fünfmal wöchentlich zu üben: Sie würden ihr Programm nicht durchhalten können, wenn sie sich vornehmen würden, auch samstags und sonntags zu üben. Dann legen Sie den Zeitraum für Ihre erste Übungsphase fest. Ich würde
sechs Wochen vorschlagen, aber vielleicht möchten Sie lieber
vier oder fünf, sieben oder acht Wochen lang üben. Ganz gleich
welchen Zeitraum Sie festlegen – Sie gehen damit eine Verpflichtung ein. Sie haben sich selbst ein Versprechen gegeben,
und wenn Sie lernen, sich selbst mit Liebe und Achtung zu begegnen, dann werden Sie dieses Versprechen halten.

Bevor Sie jedoch mit diesem Programm beginnen, müssen Sie
sich noch eine Übung aus dem dritten Kapitel aussuchen. Wenn
Sie soweit sind, fangen Sie mit diesem neuen Kapitel an.

3 ■ Spezielle Meditationen zur Gewichtskontrolle

In diesem Kapitel werden zwei Meditationen vorgestellt, die eigens dafür entwickelt wurden, Ihnen dabei zu helfen, ein gesundes Körpergewicht zu erreichen. Dieses Gewicht soll für Sie individuell gesund sein, nicht einfach gesund entsprechend den willkürlichen Maßstäben, die von der jeweils gültigen Mode oder der Werbung gesetzt werden. Um dorthin zu gelangen, sollte Ihre Ernährung in erster Linie von den Bedürfnissen Ihres Körpers bestimmt sein, nicht von Ihren Eßgewohnheiten, Ihrer jeweiligen Laune oder Ihren emotionalen Bedürfnissen. Wenn Sie die Meditationen dieses Kapitels lesen und ausprobieren, werden Sie verstehen, was sie mit diesen Veränderungen zu tun haben.

Lesen Sie die Anweisungen für jede Meditation. Probieren Sie jede Übung drei- oder viermal aus. Anschließend wählen Sie eine Übung für Ihr Programm aus, die Sie in den nächsten vier bis acht Wochen durchführen wollen – für den Zeitraum, den Sie festgelegt haben, um zu üben, bevor Sie zurückschauen und entscheiden, entweder mit dem Programm weiterzumachen oder aber etwas zu verändern.

Zusätzlich zu diesen beiden Meditationen für Ihr Programm finden Sie in diesem Kapitel noch zwei weitere Übungen, die vor oder zu den Mahlzeiten durchgeführt werden sollten. Sie sollten ein fester Bestandteil der Arbeit für jeden sein, der dieses Buch dazu verwendet, ein gesundes Körpergewicht zu erlangen.

■

Die erste Meditationsübung, bei der es ganz spezifisch um das Diäthalten geht, wird allgemein die Übung des „Tausendblättrigen Lotus" genannt. Diese Übung ist weitverbreitet, besonders in östlichen Meditationsschulen. Ursprünglich sollte sie dem Meditierenden dabei helfen zu erkennen, daß im Universum alles mit allem verbunden ist und daß

alle Dinge,
nah und fern, im Verborgenen
durch eine unsterbliche Macht
miteinander verbunden sind,
daß du keine Blume berühren kannst,
ohne einen Stern in Unruhe zu versetzen.

Diese Zeilen drücken den ursprünglichen Zweck der Übung aus. Sie wurde später jedoch einer Reihe besonderer Probleme angepaßt – wir wenden sie hier zur Gewichtskontrolle an. Es handelt sich um eine Meditation des „inneren Weges", bei der wir eher über die Aktivität unseres eigenen Bewußtseins meditieren als über ein Objekt (wie eine Muschel) oder eine Handlung (wie unser Atmen), die außerhalb unseres Bewußtseins liegen.

Wir beginnen, indem wir ein Wort wählen, das das Zentrum des Lotus bilden soll. Nehmen Sie ein Wort wie „hungrig", „Diät", „dünn", „dick" oder den Namen des Nahrungsmittels, bei dem Sie am ehesten „schwach werden" (bei mir sind es Butterkekse, aber suchen Sie sich am besten Ihr eigenes Nahrungsmittel aus). Anschließend machen Sie es sich bequem, „betrachten" das Wort und warten einfach ab. Früher oder später wird Ihnen eine Assoziation zu dem Wort einfallen. Nehmen wir an, Sie haben das Wort „hungrig" ausgesucht, und Ihre erste Assoziation ist „voll". Jetzt haben Sie drei Dinge: das Wort „hungrig", das Wort „voll" und die Verbindung zwischen beiden Wörtern. Verstehen Sie die Verbindung oder nicht? In diesem Fall verstehen Sie sie. Sie wissen sehr schnell, worin die Beziehung zwischen beiden Wörtern besteht und warum Ihnen die Assoziation gekommen ist. Dann gehen Sie zurück zum Wort „hungrig", betrachten es und warten auf die nächste Assoziation. Nehmen wir an, diese nächste Assoziation wäre „verhungern". Wieder betrachten Sie fünf oder sechs Sekunden lang die drei Dinge. Und wieder verstehen Sie die Verbindung. Sie gehen wieder zurück zu „hungrig" und warten, genauso wie Sie es zuvor getan haben. Nehmen wir an, die nächste Assoziation wäre „Dach". Sie betrachten die drei Dinge fünf oder sechs Sekunden lang, und diesmal verstehen Sie die Verbindung nicht. Sie gehen auch weiterhin zurück zum Wort „hungrig" und warten. Auf diese Weise verfahren Sie während der gesamten Zeit, die Sie für diese Meditation festgesetzt haben. Sie antworten immer auf dieselbe Weise – indem Sie die beiden Worte und ihre Verbindung fünf oder sechs Sekunden lang betrachten und dann zum zentralen Wort zurückkehren und warten, ganz gleich, ob Sie die Verbindung verstanden haben oder nicht.

Dies ist kein freies Assoziieren, bei dem Sie einfach von einer Assoziation zur nächsten übergehen. Sie gehen immer wieder zu dem Wort zurück, das Sie als Zentrum gewählt haben. Sie versuchen auch nicht, irgend etwas zu „begreifen", abgesehen von der Verbindung zwischen dem Wort und der Assoziation. Ganz gleich wie flüssig und leicht es auch laufen mag und ob Ihre Assoziationen Ihnen tiefe Einsichten über Ihr Unbewußtes zu vermitteln scheinen oder nicht, seien Sie diszipliniert und bleiben Sie bei diesem Ablauf. Einsichten kann man nach der Meditation sammeln und dann auch eventuell versuchen, sie zu deuten, nicht während der Meditation. Wenn Sie gegen diese Regel verstoßen – und das werden Sie –, so werden Sie bemerken, daß Ihnen durch Ihre Assoziationen alle möglichen faszinierenden Einsichten zu kommen scheinen. Dies ist eine Form des Widerstandes. Ihre scheinbaren Einsichten führen Sie jedoch nicht weiter. Sie erweisen sich als belanglos und ohne Substanz. Wirkliche Einsichten werden Ihnen aus dieser Meditation erwachsen, wenn Sie ihre Regeln streng befolgen. Sie werden sich jedoch erst zeigen, nachdem Sie eine Reihe von Sitzungen gut hinter sich gebracht haben, nicht während dieser Sitzungen (und ganz besonders nicht während oder nach den ersten Sitzungen).

Die häufigste Form des Widerstandes gegen diese Meditation besteht darin, daß Sie das starke Gefühl haben, etwas Faszinierendes über sich selbst, über andere oder darüber, wie das Universum funktioniert, zu erfahren, wenn Sie aus den Regeln der Übung ausbrechen und eine bestimmte Idee weiterverfolgen, die sich aus den Assoziationen ergeben hat oder wenn Sie einfach frei weiterassoziieren. Dieses Gefühl ist jedoch trügerisch, kann Sie ziemlich erfolgreich von der Meditation abbringen und damit verhindern, daß die Meditation für Sie wertvoll wird – so lange, bis Sie gelernt haben, diesem Gefühl zu widerstehen. Dies läßt sich jedoch nur aus Erfahrung lernen. Tun Sie also Ihr Bestes, um die Regeln der Meditation nicht zu verletzen und lächeln Sie sich selbst reuevoll zu, wenn Sie bemerken, daß Sie es doch getan haben. Sie sind damit nicht allein. Machen Sie sich dann erneut an die Arbeit.

■

Die zweite Meditation dieses Abschnittes ist ursprünglich eine Schmerzmeditation, die helfen soll, mit bestimmten Schmerzen umzugehen. Der allgemein gebräuchliche Name für diese Übung lautet „Blaues Wasser".

Bei dieser Meditation machen Sie es sich zunächst bequem, und dann fragen Sie sich: „In welchem Teil meines Körpers verspüre ich Hunger?" Suchen Sie in Ihrem Körper, lassen Sie Ihr Bewußtsein ganz durch ihn hindurchwandern. Wo ist Ihr Hunger? Er kann in der Magengegend angesiedelt sein oder irgendwo anders. Nehmen Sie sich Zeit, um zu bestimmen, von wo Ihr Hungergefühl ausgeht. Erforschen Sie Ihren gesamten Körper. Sie werden schnell herausfinden, daß Sie Ihr Bewußtsein mit der Frage „Verspüre ich hier vielleicht Hunger?" auf jeden Teil Ihres Körpers richten können, wenn Sie entspannt sind und sich wohlfühlen.

Sobald Sie den Bereich Ihres Körpers gefunden haben, in dem Sie sich hungrig fühlen, untersuchen Sie ihn sorgfältig. Welche Form hat dieser Bereich? Wie lang, breit, tief ist er? Stellen Sie sich diesen Bereich als eine Form mit klar erkennbaren Längs- und Schmalseiten und einer Ober- und einer Unterseite vor.

Anschließend visualisieren Sie diese Form und stellen sich vor, wie sie sich mit blauem Wasser füllt. Machen Sie sich keine Gedanken darüber, woher dieses Wasser kommt. Lassen Sie in Ihrer Vorstellung das Wasser langsam den Raum ausfüllen. Dann stellen Sie sich vor, wie das Wasser langsam aus der Form herausläuft. Lassen Sie es durch die Wände der Form hinausdringen. Stellen Sie sich vor, wie es durch Ihre Haut nach außen dringt, durch den Fußboden sickert und dann vollkommen verschwunden ist, ohne irgendeine Spur zu hinterlassen, einen Fleck oder eine feuchte Stelle. Dann lassen Sie die Form nochmals mit blauem Wasser vollaufen, und verfahren Sie wie zuvor. Und dann wiederholen Sie dies noch ein weiteres Mal.

Wenn Sie diese Übung zum ersten Mal durchführen, benötigen Sie vielleicht einige Zeit dazu – unter Umständen bis zu einer Stunde –, denjenigen Bereich Ihres Körpers auszumachen, in dem Sie Hunger verspüren. Versuchen Sie nach dieser ersten Erfahrung schneller voranzukommen, so daß Sie das Füllen und Leeren der Form während der fünfzehn Minuten zwei- oder dreimal wiederholen können. Wenn Sie es jedoch schneller schaffen, sind Sie zu schnell. In diesem Fall sollten Sie wieder langsamer werden.

Die häufigste Form des Widerstandes gegen diese Meditation besteht darin, sie „automatisch" durchzuführen. Die Meditation läuft dann meist schneller und schneller ab, während Ihr Geist sich in andere Richtungen bewegt und Sie an andere Dinge denken. Konzentrieren Sie sich so sehr, wie Sie nur können, und behalten Sie die Geschwindigkeit unter Kontrolle.

Nach der Übung nehmen Sie sich eine gewisse Zeit ohne Programm und ohne Ziel. Befragen Sie sich anschließend daraufhin, wie Sie sich fühlen, und suchen Sie in Ihrem Inneren nach der Antwort.

Zusätzlich zu der Meditationsübung, die Sie für Ihr Programm auswählen, sollten Sie auch folgende Übung regelmäßig praktizieren. Wenn Sie diese Übung als sehr unangenehm empfinden oder sie nur widerwillig durchführen – dies ist bei einigen wenigen Menschen der Fall –, dann lassen Sie sie aus. Anderenfalls nehmen Sie sie in Ihr Programm auf. Diese Übung gehört nicht in Ihre Meditationszeiten, sondern in die Essenszeiten. Versuchen Sie die Übung täglich bei einer Mahlzeit durchzuführen.

Falls dies aufgrund Ihres Tagesablaufs zu schwierig sein sollte, dann versuchen Sie, sie jeden zweiten Tag zu einer Mahlzeit durchzuführen.

Diese Meditationsübung ist sehr alt und wird sowohl in östlichen als auch in westlichen Meditationsschulen eingesetzt. Sie ist eine Form der Kontemplation, wie sie bereits im zweiten Kapitel beschrieben wurde. Anstatt uns jedoch kontemplativ auf ein Objekt zu konzentrieren (oder auf einen Punkt zu achten), konzentrieren wir uns in dieser Übung auf das Essen, das wir zu uns nehmen.

Nehmen Sie die Mahlzeit, bei der Sie diese Übung durchführen, in Ruhe und am besten alleine zu sich – oder gemeinsam mit jemandem, der die Übung ebenfalls macht. Zunächst wird das Essen auf den Tisch gestellt, und Sie setzen sich an den Tisch. Während des Essens lassen Sie jedoch Ihre Gedanken nicht umherschweifen. Sie unterhalten sich weder noch lesen Sie oder sehen fern oder machen sonst irgend etwas, was Sie gewöhnlich tun. Sie konzentrieren Ihr Bewußtsein so weit wie möglich auf das, was Sie in Ihrem Mund verspüren.

Versuchen Sie während des Essens so bewußt wie möglich wahrzunehmen, was in Ihrem Mund passiert. Was fühlen und was schmecken Sie?

Machen Sie sich keine Gedanken darüber, ob Sie dazu Worte brauchen oder nicht. Wenden Sie einfach Ihre gesamte Aufmerksamkeit dem zu, was in Ihrem Mund passiert und was Sie dort wahrnehmen. Sie können sicher sein, daß Sie einige Überraschungen erleben werden, wenn Sie dies eine ganze Mahlzeit lang tun.

Die häufigste Form des Widerstandes gegen diese Meditation besteht darin, daß man überhaupt vergißt, sie durchzuführen oder sie ständig auf die nächste Mahlzeit verschiebt, weil es einem gerade jetzt nicht paßt. Seien Sie gewarnt: Sie werden sich vielleicht dabei erwischen, und plötzlich wird Ihnen aufgehen, daß diese Meditation vollständig aus Ihrem Programm herausgefallen ist. Wenn dies der Fall sein sollte, lächeln Sie sich zu und beginnen Sie erneut zu üben. Die Übung ist ein wichtiger Bestandteil des Programms.

Die Meditationen des zweiten Kapitels – Atemzählen, Kontemplation, die Lichtpunkt-Übung – gehören zu den Zentrierungsübungen. Sie zielen darauf ab, Sie so zu integrieren, daß Sie eine Sache nach der anderen tun können. Wenn wir uns bemühen, die Dinge nacheinander zu tun, handeln wir effizienter und sind weniger streßbelastet. Bei unseren normalen Handlungsschemata sind wir oft gleichsam in viele Teile aufgespalten. Man könnte sagen, daß während einer „Zentrierungsübung" – ganz gleich wie abgelenkt man ist – die bloße Meditationsarbeit uns näher an unsere eigentlichen Bedürfnisse heranführt und daß wir in diesem Moment weniger abhängig von unseren Gewohnheiten und unseren Neurosen sind. Dieser Effekt hält noch eine Weile an, nachdem wir die Übung beendet haben. Wenn wir sie regelmäßig durchführen, fühlen wir uns integrierter. Diese Übungen sind natürlich kein Wunderheilmittel, das alle Probleme löst, aber immerhin hat die Menschheit in der langen Zeit ihres Suchens und Forschens nie etwas Vergleichbares gefunden.

Daher ist es hilfreich, wenn Sie vor jeder Mahlzeit fünf Minuten lang eine der Zentrierungsübungen durchführen – das kann, muß jedoch nicht dieselbe Übung sein, die Sie im Rahmen Ihres regulären Programms machen. Es mag nicht immer möglich sein, dies zu tun, aber tun Sie es so oft Sie können – es wird sehr helfen.

Diese Übungen können Sie auch durchführen, wenn Sie sich zwischen den Mahlzeiten hungrig fühlen und den Eindruck haben, „ein bißchen was" zu brauchen, und zwar in so hohem Maße, daß Sie diesem Bedürfnis nachgehen. Verschieben Sie den Gang an den Kühlschrank um fünf Minuten und arbeiten Sie während dieser Zeit intensiv mit einer der Zentrierungsmeditationen. Dann nehmen Sie sich eine Minute Zeit, in der Sie kein Ziel verfolgen und fragen sich anschließend, wie Sie sich fühlen. Damit gewinnen Sie deutlich mehr Kontrolle über das, was Sie zu sich nehmen.

Die nun folgende Meditation ist eine zusätzliche Übung zu den anderen Meditationen, die Sie sich ausgesucht haben, inklusive der Zentrierungsübung. Sie sollte während der ersten beiden Wochen Ihres Programms einmal täglich durchgeführt werden. Danach sollten Sie sie immer dann machen, wenn Sie in Versuchung sind, Ihre Diätvorschriften zu verletzen oder großzügig auszulegen, indem Sie ein bißchen mehr Brot oder Dessert essen oder zwischen den Mahlzeiten einen Snack zu sich nehmen.

Stellen Sie sich eine altmodische Waage vor, die direkt vor Ihnen von der Decke herunterhängt. An jedem Ende des Waagbalkens hängt eine Schale. In der Mitte befindet sich ein Zeiger mit einer Meßskala. Der Zeiger zeigt genau nach oben.

Weil wir Nahrung benötigen, um zu leben und gesund zu sein, ist die linke Seite der Skala Ihnen gegenüber weiß, und unter den Meßstrichen steht das Wort „Leben". Weil zuviel zu essen Gift für den Körper ist und Gift Sie schlimmstenfalls umbringen kann, ist die rechte Seite der Skala schwarz und darunter steht „Tod".

Stellen Sie sich die Waage und die Meßskala vor. Sobald Sie sie einigermaßen klar vor Ihrem inneren Auge haben, fragen Sie sich, in welche der beiden Waagschalen ein bestimmtes Nahrungsmittel gehört. In welche Richtung wird der Zeiger ausschlagen, wenn Sie es essen? Machen Sie sich dies geistig klar. Dann entscheiden Sie, was Sie mit diesem Nahrungsmittel machen wollen.

Tun Sie dies einmal täglich, um in Übung zu bleiben. Wählen Sie sich das Nahrungsmittel, mit dem Sie diese Übung machen, willkürlich über den Tag hinweg aus. Machen Sie dies zwei Wochen lang, damit Sie mit der Meditation vertraut werden und wissen, wie Sie sie anwenden können. Wenn Sie nun in Gefahr sind, sich nicht mehr an Ihre Diät zu halten oder sie mit einem regelrechten Eßanfall sogar ganz aufzugeben, benutzen Sie diese Meditation. Da Sie damit schon Erfahrung haben, wird Ihnen die Übung leichter fallen und effektiver sein. Durch diese Meditation rückt das Essen in eine realistische Perspektive. Sie werden überrascht sein, wie oft Sie mit Hilfe dieser Übung auf eine Extrascheibe Brot verzichten können.

Einige Menschen haben bei einer bestimmten Meditation das Gefühl, daß diese eine Übung exakt auf sie paßt – sie ist genau das, was diese Person gerade braucht. Nachdem sie das vier- oder sechswöchige Programm durchgeführt haben, zu dem sie sich verpflichtet haben, führen sie nur noch diese Übung durch und bestreiten ihr gesamtes Programm damit.

So führte eine Frau beim Abendessen in einer Mensa die „Ein-Punkt"-Übung durch. Sie empfand diese Übung als erheiternd. Plötzlich war sie voll und ganz darauf konzentriert zu spüren, was in ihrem Mund passierte, auf den Geschmack des Essens und darauf, wie sich die Oberfläche der verschiedenen Dinge und ihr Mund anfühlten und so weiter. Zum Dessert gab es Mousse au Chocolat – das war immer schon ihr Lieblingsdessert gewesen. Niemals hatte sie auch nur das kleinste bißchen davon stehengelassen – sie wäre nicht im Traum auf die Idee gekommen, dies zu tun. Dieses Mal hatte sie den Eindruck, als habe ihr die Mousse noch nie in ihrem Leben so gut geschmeckt. Nachdem sie die Hälfte ihrer Portion aufgegessen hatte, bemerkte sie, daß sie genug hatte. Sie verspürte keinen Hunger mehr, und es kam ihr ganz natürlich vor, mit dem Essen aufzuhören. Sie blieb bei der „Ein-Punkt-Übung" und führte sie mindestens zu einer Mahlzeit des Tages durch, häufig auch zweimal täglich. Im Verlauf der nächsten Wochen verschwanden ihre Bulimie-ähnlichen Eßanfälle völlig und sind seit etwa zwölf Jahren nicht mehr aufgetreten.

Ein weiteres Beispiel für diese Art, die Meditationen zu nutzen, ist die Geschichte eines Mannes Ende Sechzig, der mehr als zwanzig Jahre lang zwischen fünfundzwanzig und vierzig Pfund Übergewicht gehabt hatte. Mit Hilfe einer Psychotherapie hatte er viele Probleme in seinem Leben lösen können. Er empfand allgemein mehr Lebensfreude und hatte das Gefühl, daß sein Leben besser „funktionierte". Die Psychotherapie hatte jedoch nichts gegen sein Gewichtsproblem bewirkt. Obwohl er während eines Aufenthaltes in einem Yoga-Center und in der Pritikin-Klinik abgenommen hatte, waren die Pfunde bald wiedergekommen. Beim Einüben eines Meditationsprogramms probierte er die Waage-Übung aus und hatte plötzlich das Gefühl, das dies die richtige Übung für ihn sei. Manchmal, wenn er mit Essen konfrontiert war, schien sie ihm fast automatisch in den Sinn zu kommen. Immer dann, wenn er daran dachte, etwas Bestimmtes zu essen, stellte er sich die Waage mit ihrem nach oben gerichteten Zeiger vor. Er wußte, ob das Essen, an das er dachte, die Nadel in den weißen oder in den schwarzen Bereich der Skala ausschlagen lassen würde. Wenn letzteres der Fall war, verlor er jedes Interesse am Essen – sein Hunger schien zu verschwinden.

Nachdem er fünf Wochen lang gemäß dem Meditationsprogramm geübt hatte, das er sich zusammengestellt hatte, machte er nur noch die Waage-Übung und achtete darauf, sie bei mindestens einer Mahlzeit pro Tag durchzuführen, meist jedoch zu zwei Mahlzeiten. Er machte die Übung außerdem immer dann, wenn er in Versuchung war, einen Snack zu sich zu nehmen. Im Laufe der darauffolgenden Monate verlor er das Übergewicht, das er so lange mit sich herumgetragen hatte und fühlte sich besser als jemals zuvor.

Solche Geschichten passieren nicht sehr häufig – aber sie passieren. Wenn Sie den Eindruck haben, daß sich bei Ihnen etwas Ähnliches anbahnt, dann bleiben Sie dran. Führen Sie jedoch zuerst das Programm komplett durch, zu dem Sie sich verpflichtet haben. Auf diese Weise kommen Sie nicht in die Gefahr, eine einzelne Übung als Form des Widerstandes gegen geistige Disziplin zu benutzen. Wenn Sie dies nicht beachten, wird es Ihnen wahrscheinlich so ergehen, daß die Meditation, die so perfekt zu Ihnen zu passen schien, plötzlich gar nicht mehr paßt, daß sie Ihnen sehr schwerfällt und keine Wirkung mehr zeigt – und das bedeutet, daß Sie das gesamte Programm aufgegeben haben. Sie müssen wieder ganz von vorne anfangen. Schlimmer noch: Sie haben das Versprechen gebrochen, das Sie sich selbst abgenommen haben, und das hilft Ihnen nicht gerade bei Ihrem inneren Wachstum.

Harvey war sechsundvierzig Jahre alt und hatte schokoladenbraune Haut. Er war knapp 1,78 Meter groß und wog 270 Pfund. Er hatte sein ganzes Leben auf dem Bau gearbeitet, und vor kurzem war ihm mitgeteilt worden, daß man ihn entlassen würde, sofern er nicht kräftig abnehmen würde. Sein verantwortlicher Ingenieur hatte gesagt, es sei für ihn zu gefährlich, auf Leitern und Gerüsten herumzuklettern und daß die Baufirma sich dieses Risiko nicht leisten könne. Ein Gewerkschaftsvertreter hatte sich mit der Angelegenheit befaßt und Harvey erklärt, daß die Gewerkschaft in einem solchen Fall nichts tun könne außer sicherzustellen, daß er eine Abfindung erhalten würde.

Harvey war ein sehr fähiger und intelligenter Mann, der kurz nachdem er die Schule abgeschlossen hatte, seinen ersten Job im Baugewerbe bekommen hatte. Er war seitdem ununterbrochen berufstätig gewesen, abgesehen von seiner Militärzeit, wo er Technik-Feldwebel bei den Kampfpionieren gewesen war. Er war verheiratet und hatte zwei Kinder, beides Jungen, von denen einer zwölf und der andere vierzehn Jahre alt war. Die Abende verbrachte er meist damit, zu Hause vor dem Fernseher zu sitzen oder gemeinsam mit Freunden ein paar Bier zu trinken. Dazu trafen sie sich bei Harvey oder einem anderen zu Hause oder gingen in eine Kneipe in Harveys Stadtviertel. In den Sommerferien reiste die gesamte Familie ans Meer. Zwei- oder dreimal im Jahr ging Harvey mit ein paar Freunden zum Fischen in den Long-Island-Sund.

Im Laufe der letzten zehn Jahre hatte er langsam und stetig zugenommen. Er war deprimiert und hatte das Gefühl, nichts dagegen tun zu können. Er hatte verschiedene Diäten ausprobiert, aber keine war ihm sinnvoll und realistisch erschienen, und er hatte jeweils relativ schnell wieder mit der Diät aufgehört. Man hatte ihm eine Psychotherapie nahegelegt, und die Versicherung war bereit, den größten Teil der Kosten dafür zu übernehmen, aber nach einer Sitzung beim Psychotherapeuten hatte Harvey sich dagegen entschieden. Er nannte zwei Gründe für diese Entscheidung: Erstens habe der Therapeut „keinen blassen Schimmer von irgendwas" gehabt und zweitens wolle er sich „diesen ganzen Seelenmüll gar nicht erst anschauen". Er war bei einem Treffen der „Weight Watchers" gewesen und hatte sich völlig fehl am Platz gefühlt. Als das Thema Meditation zur Sprache kam, war er zunächst ziemlich widerstrebend, bis ich ihn aufforderte, fünf Minuten lang die Atemzähl-Übung auszuprobieren. Ich sagte ihm, daß ich ihn in Ruhe lassen würde, wenn er das schaffen würde. Er versuchte es und bemerkte, daß sein Geist nicht bei der Aufgabe blieb. Als ich ihm erklärte, daß er über seinen Geist in etwa ebensoviel Kontrolle habe wie über sein Gewicht, grinste er. Weil er so positiv reagierte, machte ich weiter: Ich erklärte ihm, daß sein Geist bestimme, wie er sich fühle und was er tue, und daher wäre es vielleicht sinnvoll, seinen Geist unter Kontrolle zu bekommen. Vermutlich würde er dann in der Lage sein, etwas gegen sein Gewichtsproblem zu unternehmen. Harvey dachte eine Weile darüber nach, stellte mir ein paar Fragen, lächelte und sagte: „Okay, probieren wir's."

Er suchte sich die Atemzähl-Übung und die Meditation des „Blauen Wassers" aus und beschloß, sechs Wochen lang jede Übung an fünf Tagen in der Woche jeweils fünfzehn Minuten durchzuführen. Für ihn war es sehr schwierig, die „Ein-Punkt"-Übung bei den Mahlzeiten auszuführen, weil es beim Frühstück bei ihm zu Hause zugehe wie im Irrenhaus – die Kinder müßten in die Schule gebracht werden, und er selbst müsse rechtzeitig zur Arbeit. Das Mittagessen aß er gemeinsam mit einigen Kollegen, und das Abendessen war die einzige Tageszeit, zu der die Familie zusammensitzen und sich unterhalten konnte. Er besprach das Problem mit seiner Frau, die ihn sehr unterstützte. Sie meinte, sie könne an jedem zweiten Tag etwas früher aufstehen und ihm sein Frühstück auf einem Tablett ins Schlafzimmer bringen. Dann könne er es allein und in Ruhe essen und dabei die „Ein-Punkt"-Übung machen. Sie wollte ihm außerdem zukünftig weniger kalorienreiche Lunchpakete mitgeben.

Harvey ging die Meditationsübungen grimmig entschlossen an. Ihm fiel es besonders schwer, sich nicht übertrieben zu kritisieren, wenn ihm auffiel, daß sein Geist sich von den Übungen wegbewegte. Er neigte dazu, sehr wütend auf sich zu werden, wenn er sich dabei erwischte. Was er auch versuchte – im allerersten Moment fuhr er wütend gegen sich selbst auf, wenn er es nicht schaffte, „alles richtig zu machen". Wir redeten ausführlich darüber. Und schließlich fand er eine Möglichkeit, sich zu verändern. Er sah die Übung als ein Spiel, das er früher seinen Kindern beigebracht hatte – ein schwieriges Spiel mit komplizierten Regeln. Er lernte, sich selbst so zu behandeln, wie er als Kind gerne behandelt worden wäre und wie er seine Kinder behandelte: konsequent und mit hohen Ansprüchen, aber liebevoll und mit Humor und Verständnis für die menschlichen Schwächen. Dies ist natürlich die beste Grundlage, um innerlich zu wachsen und sich in Richtung Gesundheit zu verändern.

Von Zeit zu Zeit fühlte sich Harvey furchtbar wütend und sehr entmutigt. Er hielt sich dann nicht mehr an seine Diät und schlug in puncto Essen ein paar Tage lang über die Stränge. Diese Phasen schienen so gut wie nichts mit dem zu tun zu haben, was um ihn herum passierte. Die Vorfälle, die diese Phasen auslösten, waren ganz offenkundig ziemlich unbedeutend. Wir beide hatten den Eindruck, daß er stärker auf etwas reagierte, das in seinem Inneren vorging als auf äußere Ereignisse. Ich schlug ihm deswegen vor, früher als vorgesehen mit der nächsten Phase des Meditationsprogramms zu beginnen und von dort aus weiterzumachen: Wie empfand er den allgemeinen Verlauf seines Lebens? Wie war es zum Beispiel mit seiner Arbeit?

Er sagte, seine Arbeit sei „okay" – „ganz gut bezahlt", aber „ziemlich langweilig, Jahr für Jahr immer wieder dasselbe". Welche Art Arbeit würde er gerne tun, wenn er die Wahl hätte? Wir sprachen darüber, und er machte die Übungen aus dem siebten Kapitel. Sie sollten ihm dabei helfen, sich über seine Ziele klar zu werden. Zum ersten Mal wurde er richtiggehend schüchtern. Immer wieder sprach er davon, daß er gerne anderen Menschen dabei helfen würde, den richtigen Platz zu finden, von dem sie weggehen und an den sie zurückkehren könnten. Ich konnte mir keinen Reim darauf machen. Schließlich rückte er mit seinem eigentlichen Anliegen heraus. Er wollte gern Immobilienmakler sein. Er hatte schon Makler beobachtet, die mit ihren Kunden die nahezu fertigen Häuser besichtigten, an deren Bau er beteiligt war. Er wünschte sich schon seit langem, einer von ihnen zu sein. Er wirkte sehr überrascht, als ich ihn fragte, warum er nicht versuche, Makler zu werden. Nachdem er einige Zeit über diese Frage nachgedacht hatte, begann er einige Abendkurse zu besuchen. Die Meditationen und das konsequente Üben hatten ihm offensichtlich Vertrauen in seine Fähigkeit vermittelt, neue Aufgaben zu bewältigen. Dieses Vertrauen war neu für ihn, und es war der Hauptgrund dafür, daß er sich weiterentwickeln und neue Möglichkeiten für sich entdecken konnte.

Die Kurse machten ihm Spaß. Seine Kinder zogen ihn gnadenlos auf – „Hat Papa heute schon seine Hausaufgaben gemacht?" und ähnliches mehr –, aber sie waren ganz unverkennbar stolz auf ihn. Sie erzählten allen ihren Klassenkameraden, was ihr Vater machte, und bald wußte es die gesamte Nachbarschaft. Als Bekannte zu ihm kamen, die Fragen zu einem Umzug oder zum Umgang mit ihren Vermietern hatten, fühlte er sich wunderbar.

Er behielt sein Meditationsprogramm bei, tauschte jedoch die Übung des „Blauen Wassers" gegen die des „Tausendblättrigen Lotus" aus und blieb bei dieser Übung. Fünf Wochen lang verwendete er das Wort „Essen" als Zentrum, dann wechselte er zu „gesund". Er bemerkte, daß er langsam, aber kontinuierlich abnahm und daß seine Diät ihm keine Schwierigkeiten bereitete. Wenn er sich abends mit seinen Freunden trifft (was wegen der Kurse und der Hausaufgaben jetzt deutlich seltener vorkommt), läßt er es bei zwei bis drei „Light"-Bieren bewenden. Die Waage-Meditation empfindet er an solchen Abenden als sehr hilfreich.

Ich habe mich mit seiner Frau unterhalten. Sie versteht, was Harvey tut und findet es gut. Sie schien jedoch etwas überrascht zu sein, als ich sie fragte, was sie denn tun würde und wie sie sich weiterentwickeln könnte, wenn die Reihe an sie käme. Ich erklärte ihr, daß es für zwei Menschen, die in einer engen Beziehung zueinander stehen, wichtig ist, daß nicht nur einer von ihnen sich in eine positive Richtung weiterentwickelt, sondern der andere ihm darin folgt. Anderenfalls könnten sie einander fremd werden. Sie dachte darüber nach und begann damit, ein- bis zweimal pro Woche in der Kirchengemeinde bei der Buchführung zu helfen. Sie hat als eine Art „Aushilfe" angefangen, erledigt inzwischen jedoch den größten Teil der anfallenden Arbeit. Es macht ihr Freude, und sie sagt, daß sie aus der Arbeit selbst am meisten lernen kann, weil sie in der Schule nie besonders gut gewesen sei. Ihr Ziel ist es, sich in einer kleinen Firma in der Nachbarschaft auf Teilzeitbasis um Buchführung und Abrechnung zu kümmern.

Harvey arbeitet jetzt an zwei bis drei Tagen pro Woche als Immobilienmakler in einer kleinen Agentur. Er ist noch dabei, seine Lizenz zu erwerben. Die Arbeit macht ihm viel Spaß, und offensichtlich ist er in diesem Job ziemlich gut. Seine Frau und er mußten auf die gemeinsamen Ersparnisse zurückgreifen, weil er momentan nicht soviel verdient wie bei einer Vollzeit-Anstellung im Baugewerbe. Aber sie sind zuversichtlich, daß sie in nicht allzu langer Zeit finanziell wieder dort sein werden, wo sie früher standen. An den verbleibenden drei Tagen der Woche arbeitet Harvey auf dem Bau und bekommt dabei reichlich Bewegung. Er wiegt inzwischen 190 Pfund und fühlt sich gut. Er und seine Frau empfinden ihr Leben als befriedigend und ausgefüllt und haben das Gefühl, auf dem richtigen Weg zu sein.

Daß Harvey und ich uns im Verlauf seines Programms häufig trafen, ist eher unüblich. Unterschiedliche Menschen haben unterschiedliche Bedürfnisse in bezug darauf, wieviel persönlichen Kontakt und wieviel Unterstützung sie auf ihrem Meditationsweg benötigen. Einige können es ganz alleine, indem sie ein Buch wie dieses zu Hilfe nehmen, das zumindest teilweise zu diesem Zweck geschrieben wurde. Andere brauchen den mehr oder weniger persönlichen Kontakt.

4 ■ Wenn der Druck zu groß wird: Meditationen für schwierige Zeiten

Sie verfügen inzwischen über ein individuelles Programm, das Ihnen dabei helfen soll, ein gesundes Körpergewicht zu erreichen. Dies ist etwas, das Sie sich vielleicht schon seit langem wünschen und schon mehrfach zu erreichen versucht haben. Sie haben sich eine grundlegende „Zentrierungsübung" ausgesucht (Atemzählen, Kontemplation oder den Lichtpunkt), außerdem eine Meditation, die spezifisch auf Gewichtsprobleme ausgerichtet ist (die Übung des „Tausenblättrigen Lotus" oder „Wo verspüre ich Hunger?"). Sie machen täglich oder jeden zweiten Tag zu einer Mahlzeit die „Ein-Punkt"-Übung. Während der ersten beiden Wochen verwenden Sie außerdem die Waage-Übung. Zusätzlich verschieben Sie immer dann, wenn Sie das Gefühl haben, „einen kleinen Bissen" zu brauchen, den Gang zum Kühlschrank um fünf Minuten und führen in dieser Zeit konsequent eine „Zentrierungsübung" durch.

Das ist wirklich ein gutes und solides Programm. Sie sollten jedoch auch auf die Situation vorbereitet sein, wenn sich in Ihnen soviel Streß aufgebaut hat, daß Sie wissen, daß Sie in Gefahr sind, Ihre Diät außer acht zu lassen und sich wieder mit zusätzlicher, eigentlich nicht benötigter Nahrung zu trösten. Das können solche alltäglichen Situationen sein: Man ruft Sie zum Beispiel wieder einmal morgens an und sagt Ihnen, daß alle Ihre fleißig und sorgfältig ausgearbeiteten Pläne umgestoßen worden sind. Oder irgendein Gerät funktioniert plötzlich nicht mehr. Oder irgend jemand möchte etwas von Ihnen und bittet Sie, etwas zusätzlich zu tun. Sie haben die Erfahrung, daß so etwas auch in Zukunft passieren wird. Wie gehen Sie mit dieser besonderen Art von Streß um? Wie sehen die Belastungen aus, die Sie empfinden lassen, als hätten Sie schon seit einer Woche gehungert? In welchen Situationen geben Sie Ihre Selbstkontrolle auf und beginnen zu essen, um sich zu trösten und um emotional zu überleben, wie Sie es in der Vergangenheit so oft getan haben? Ganz ohne Zweifel ist ein Meditationsprogramm für ein gesundes Körpergewicht ganz gut. Aber funktioniert es auch zu den Zeiten, in denen sich in Ihnen soviel Streß aufbaut, daß Sie wissen: nicht mehr lange, und ich werde wieder auf diese alte Methode zurückgreifen – essen, um den Druck zu lindern? Die eingeschliffene Gewohnheit, in schwierigen Zeiten Dinge zu essen, die man physiologisch nicht benötigt, wirkt lange nach und kann viele Programme zum Scheitern bringen. Und sie verstärkt natürlich die Probleme, die Sie langfristig mit Ihrem Körpergewicht bekommen, bis Sie diese Gewohnheit unter Kontrolle haben. Ich stelle Ihnen in diesem Kapitel besondere Meditationen vor, die Sie in solchen Zeiten einsetzen können. Sie sind zusätzlich zu Ihrem normalen Programm gedacht, nicht als Ersatz für die gewohnten Übungen. Wenn Sie richtig harte Zeiten erleben, probieren Sie jede dieser Meditationen drei- oder viermal aus. Anschließend suchen Sie sich eine Übung aus, die Sie Ihrem Programm hinzufügen.

Es ist sinnvoll, wenn Sie sich auf solche schwierigen Zeiten schon im voraus einstellen. Sie sollten dieses Kapitel also sorgfältig durchlesen, wenn Sie Ihr normales Programm zusammengestellt haben. Probieren Sie jede Meditation ein paarmal aus. So bekommen Sie ein Gefühl für die Übungen. Sie können dann leichter auf eine der Übungen zurückgreifen, wenn Sie tatsächlich in solch einer Situation sind. Und daß solche schwierigen Zeiten auftauchen, ist so gut wie sicher. Das Leben ist nämlich komplex und schwer vorhersagbar. Auch noch so sorgfältig ausgearbeitete Pläne versagen oft im letzten Augenblick. Das Leben ist oft schwierig, ungewiß und schmerzlich.

Die erste Meditation für schwierige Zeiten wird die Übung des „Sicheren Hafens" genannt. In ihr wurde eine Meditationsweise weiterentwickelt, die etwa im siebten Jahrhundert n. Chr. in der spirituellen Strömung der östlichen orthodoxen Kirche beschrieben wurde. Der Ansatz wurde von einer Gruppe entwickelt, die man die „Hesychastische Schule" nennt. Diese Gruppe lebte in der syrisch-jordanischen Wüste. Ihre Angehörigen bezeichneten ihre Methode als den „Weg der süßen Ruhe". Die Meditationsübung, um die es hier geht, wurde von ihnen als die „Meditation über das Licht im Zentrum der Flamme" bezeichnet.

Machen Sie es sich in der Körperhaltung bequem, die Sie beim Meditieren gerne einnehmen. Stellen Sie sich vor, Sie befänden sich an einem angenehmen, warmen und formlosen Ort. Hier gibt es keine Formen, keine klaren visuellen Bilder, keine lauten Geräusche und keine starken Gerüche. Sie können sich vorstellen, entspannt in einem zarten grauen Nebel zu sitzen oder in dämmrigem Zwielicht. Sie können Ihren Körper in Raum und Zeit bewegen, wie Sie möchten: ohne Muskeln anzuspannen und ohne die geringste Anstrengung. Jetzt warten Sie, und schalten Sie Ihre Antennen auf Empfang, horchen Sie auf ein schwaches Signal. Das kann kaum hörbare Musik sein oder das Gefühl, daß aus irgendeiner „Richtung" Licht zu Ihnen dringt. Es kann ein Summen sein oder das Gefühl, angenehm in eine „Richtung" gezogen zu werden, oder sonst irgendeine Art von schwachem, aber wirklichem Signal. Es stammt von einem Ort und aus einer Zeit aus Ihrer Vergangenheit – wann und wo auch immer –, wo Sie sich eine Zeitlang vollkommen gut gefühlt haben. Es ist eine Situation, an der Sie nichts ändern wollen, nichts hinzufügen oder wegnehmen. Es ist ein Moment, in dem Sie hätten sagen mögen: „Verweile doch, du bist so schön". Diese Erfahrung aus Ihrer Vergangenheit sendet ein schwaches Signal aus, das durch die formlose Umgebung dringt, in der Sie sich befinden. Lassen Sie zu, daß Sie das Signal wahrnehmen. Lassen Sie sich sachte in die „Richtung" innerhalb von Zeit und Raum treiben, aus der das Signal kommt.

Wenn Sie sich nun durch den formlosen Bereich hindurch auf den Ursprung des Signals zubewegen, erkennen Sie, daß dieser Augenblick aus Ihrer Vergangenheit auf Sie wartet. Er ist da, als ob Sie ihn jetzt gerade erleben würden. Treten Sie in den Augenblick ein, kosten Sie ihn nochmals voll aus. Erleben Sie ihn von neuem. Spüren Sie, wie Sie sich in diesem Augenblick fühlten. Bleiben Sie so lange wie nötig in diesem Erleben – so lange, wie es sich „richtig" anfühlt. Wenn Sie anschließend aus diesem erfüllten Moment wieder austreten, befragen Sie sich zu dieser Erfahrung. In welcher Beziehung standen Sie während dieser Zeit zu sich selbst und zu anderen und zur Welt als ganzem? Erfuhren Sie das Universum als etwas Freundliches? Wie stand es um das „Gleichgewicht" in Ihnen? Wie stark waren Sie auf den Augenblick bezogen, auf Vergangenheit und Zukunft?

Von diesem Augenblick und von dieser Erfahrung war einmal ein Teil Ihrer selbst erfüllt. Wie Platon jedoch schon vor langer Zeit feststellte, verfügt jeder von uns über viele Teile. Kehren Sie nun in Ihr inneres Leben an diesen formlosen Ort zurück. Bringen Sie dabei die Erfahrung mit, an die Sie sich gerade erinnert haben, die Sie wieder erlebt und gespürt haben. Warten Sie auf die ersten Anzeichen eines weiteren Signals. Haben Sie Geduld, wenn es nicht sofort erscheint. Es wird kommen. Folgen Sie ihm erneut bis zu seinem Ursprung, indem Sie sich geistig und ohne Anstrengung in die Richtung bewegen, aus der es kommt. Es wird Sie schon bald zu einer weiteren Erfahrung aus Ihrer Vergangenheit führen, in der ein anderer Teil Ihrer selbst vollkommen erfüllt war. Es ist wieder die Erfahrung einer Situation, an der Sie nichts hätten ändern wollen. Treten Sie auch in diese zweite Erfahrung ein, erleben Sie sie von neuem, spüren Sie sie nochmals so vollkommen, wie Sie es bei der ersten Erfahrung getan haben. Bleiben Sie so lange wie nötig oder wie Sie möchten. Wenn Sie aus dieser Erfahrung wieder heraustreten, befragen Sie sich wieder: Welchen Teil Ihrer selbst hat diese Erfahrung ausgefüllt? In welchem Bezug standen Sie, als Sie sie wiedererlebten, zu sich selbst, zu anderen und zur Welt als ganzem?

Diese Wiederbelebung der besonderen Momente sollte etwa eine halbe Stunde in Anspruch nehmen. Es kann jedoch durchaus auch länger dauern – vielleicht erleben Sie in einer halben Stunde nur eine Erfahrung. Oder Sie führen das Wiedererleben einer Erfahrung nicht bis zum Ende durch und möchten in einer oder mehreren weiteren Sitzungen wieder zu dieser Erfahrung zurückkehren. Sobald Sie die Übung beschleunigen, rauscht sie an Ihnen vorbei, und Sie gelangen nicht mehr zu einem vollen Erleben. Nach der Meditation sollten Sie sich einfach „sein lassen", wo Sie sind – lassen Sie Ihren Geist und Ihre Gefühle tun, was sie wollen. Verfolgen Sie für die nächsten drei bis fünf Minuten keinerlei Pläne und kein Programm. Legen Sie vor der Meditation fest, wie lange Sie dies tun wollen. Anschließend fragen Sie sich selbst, wie Sie sich jetzt fühlen.

Wenn Sie diese Übung wiederholen – am besten am darauffolgenden Tag –, versuchen Sie, ohne Erwartungen an diese Meditation heranzugehen. Sie kann ähnlich ablaufen wie die vorigen Male oder nicht. Die einzelne Erfahrung oder die Erfahrungen, auf die Sie sich „zutreiben" lassen und in die Sie wieder eintreten, können dieselben sein oder auch nicht. Die Erfahrungen während des Wiedererlebens und danach können ähnlich oder verschieden sein.

Wenn Sie sich dafür entscheiden, diese Meditation in Ihr Programm aufzunehmen, dann führen Sie sie über einen gewissen Zeitraum hinweg durch – für drei, vier, fünf oder sechs Wochen, je nach der Zeit, die Sie für Ihr gesamtes Programm festgesetzt haben. Von einem ein- oder zweimaligen Besuch im Fitneßstudio würden Sie schließlich auch keine nennenswerten Ergebnisse erwarten. Nur über einen gewissen Zeitraum hinweg lassen sich Ergebnisse erkennen. Dasselbe gilt für das Meditieren. Ganz gleich, ob wir über den physiologischen, mentalen, emotionalen oder spirituellen Bereich reden (oder über alle Bereiche gleichzeitig) – wir Menschen haben noch keine Methode erfunden, mit deren Hilfe sich der Prozeß eines realen Wachstums oder einer Entwicklung beschleunigen ließe. Erwarten Sie sich von dieser Meditation oder von irgendeiner anderen keine schnellen Veränderungen. So etwas hat bisher noch nie funktioniert. Jeder, der Ihnen von so etwas berichtet oder versucht, Ihnen eine solche Methode zu verkaufen, ist entweder dumm oder er lügt.

Über eine gewisse Zeit hinweg geübt, erzeugt die „Meditation über das Licht im Zentrum der Flamme" wahrscheinlich ein heiteres Gefühl: Man hat den Eindruck, bei sich selbst, bei anderen und im Universum ganz allgemein zu Hause zu sein. Diese Meditation kann darüber hinaus einen „sicheren Hafen" schaffen und Sie zu einer Art des Seins führen, auf die Sie in Zeiten erhöhter Belastung, wenn Sie unter Druck stehen oder unter Schmerzen leiden, zurückgreifen können. Sie kann Sie zu einer

Daseinsform innerer und äußerer Harmonie führen, die für Sie individuell „richtig" ist. Jede Erfahrung, die wir in dieser Übung wiedererleben, spiegelt einen Teil der ganz besonderen Art und Weise des In-der-Welt-Lebens wider, der ganz natürlich zu uns gehört – eine Stelle des vollkommen sicheren Hafens. Alle diese Erfahrungen machen uns eine Daseinsform zugänglich, mit der wir unsere einzigartige innere Stärke und inneren Frieden finden können – unsere Heiterkeit.

Dies ist ein wunderbarer innerer „Ort", den man in Zeiten seelischer Bedrängnis und immer dann, wenn man das Gefühl hat, vom Druck der Ereignisse überwältigt zu werden, aufsuchen kann. Sie können in einer kurzen Ruhepause während eines langen und frustrierenden Tages diese Meditation durchführen und diesen Ort aufsuchen, Sie können dies an dem Abend tun, bevor Sie sich einer Operation unterziehen müssen, Sie können die Übung machen, während Sie auf dem Zahnarztstuhl sitzen oder wenn Sie das Gefühl haben, daß das Leben Ihnen einfach zuviel abverlangt und Sie sich unbedingt etwas Bestimmtes zu essen gönnen müssen.

Auch die Mantra-Meditation ist für solche schwierigen Momente geeignet, in denen der Druck der äußeren Ereignisse und unsere Gewohnheit, durch Essen emotionale Bedürfnisse zu befriedigen, aufeinandertreffen und unser gesamtes Programm für ein gesundes Körpergewicht in Gefahr ist. Die Mantra-Meditation ist weltweit wohl am meisten verbreitet.

Bei der Mantra-Meditation suchen Sie sich einen Satz aus, den Sie immer und immer wieder wiederholen. Sie versuchen so aufmerksam, bewußt und wach zu sein wie nur möglich und sich nur auf eines zu besinnen: auf den Satz, den Sie wiederholen. Jedesmal wenn Sie bemerken, daß Ihre Aufmerksamkeit abgeschweift ist, lächeln Sie sich selbst zu und sagen sich „So sind wir Menschen, Liebling", und kehren dann zum Mantra zurück.

Am besten ist es, wenn Sie den Satz laut wiederholen. Sprechen Sie leise, flüstern Sie jedoch nicht nur, sondern gebrauchen Sie

Ihre Stimmbänder. Dies ist oft schwierig, weil noch andere Menschen anwesend sind, die auf das, was Sie sagen, reagieren und Sie dadurch ablenken würden. Wenn dies so ist, sprechen Sie sich das Mantra im stillen vor. Das hat nichts mit Singen zu tun. Sie sprechen einfach einen Satz immer und immer wieder aus, hörbar oder unhörbar, und versuchen seine Bedeutung zu „hören".

Sie wiederholen das Mantra konsequent so lange, wie Sie vor Beginn der Übung festgelegt haben. Ich würde vorschlagen, daß Sie fünfzehn oder zwanzig Minuten lang üben.

Vermutlich werden Sie während der ersten paar Sitzungen einigen geistigen Widerstand erleben. Dieser wird sich wahrscheinlich darin äußern, daß der Satz für Sie plötzlich neue – eventuell witzige – Bedeutungen annimmt. Oder er kommt Ihnen völlig bedeutungslos vor. Oder Sie haben den Eindruck, noch nie etwas so Albernes und Dummes getan zu haben usw. Gehen Sie damit um wie mit jeder anderen Form des Widerstandes, die Ihnen im Zuge Ihres Meditationsprogramms begegnet ist – beglückwünschen Sie sich selbst für die Kreativität, die Sie entwickeln, indem Sie immer neue Widerstandsmöglichkeiten finden, wünschen Sie sich ebensoviel Kreativität und Erfindungsgabe für Ihr alltägliches Leben, und machen Sie mit Ihrem Programm weiter.

Sie können diese Meditation auch im Gehen durchführen – auf einem Weg, den Sie gut kennen und auf dem Sie nicht unterbrochen werden oder an irgendwelchen Ampeln warten müssen (Sie müßten dort Ihre Konzentration unterbrechen, um zu überleben). Oft eignet sich auch Ihre Jogging-Strecke dazu. Sie können die Meditation aber auch im Sitzen oder Liegen machen. Ganz gleich welche Körperhaltung Sie wählen – achten Sie darauf, daß Ihr Rückgrat gerade ist, so daß Ihr Brustkorb nicht eingeengt ist.

Suchen Sie sich einen Satz aus, bei dem Sie dann bleiben. Ändern Sie den Satz nicht während der Übung. Sobald Sie sich einen Satz ausgesucht haben, sind Sie für die fünfzehn oder zwanzig Minuten und drei bis fünf Wochen, die Sie üben, an diesen Satz gebunden. Sie haben sich selbst ein Versprechen gegeben. Es gehört zu jedem ernsthaften Meditationsprogramm, daß Sie sich an solch ein Versprechen halten.

Wählen Sie einen Satz aus, der zu Ihrer Situation paßt. In unserem Meditationsprogramm versuchen Sie zum Beispiel, mehr Kontrolle über Ihr eigenes Leben zu gewinnen und verantwortlich im Hinblick auf Ihre Ziele zu handeln. Wählen Sie einen Satz, der damit etwas zu tun hat.

Die verschiedenen Traditionen haben ihre Mantras unterschiedlich formuliert, etwa „Gott ist gut", „Alles ist eines", „Kyrie eleison" („Herr, erbarme dich"), „Ich habe keine schlechten Nachrichten gehört" oder „O Gott, komm mir zu Hilfe" (Deus, in adiutorium meum intende). Daneben gibt es das östliche „A U M" (ein aus vier Silben bestehender Satz: A, U, M und die Stille!) und andere. Diese Sätze waren für die Probleme, mit denen die Menschen seinerzeit zu tun hatten, von Bedeutung. Suchen Sie sich nun einen Satz aus, der jetzt und hier etwas für Sie bedeutet:

„Ich bin für meinen Körper verantwortlich."

„Ich werde mein eigenes Leben leben."

„Ich werde meinen Körper wertschätzen und schützen."

„Ich bin mein eigener Herr."

„Ich werde auf meinen Körper ebenso gut aufpassen wie auf ..." (meine Katze, meinen Hund, mein Auto, Kind – bestimmen Sie selbst)

„Ich werde mir selbst keinen Schaden zufügen."

„Ich werde mich mir gegenüber liebevoll verhalten."

„Ich werde meinen Körper genauso schützen, wie ich ein geliebtes Kind schützen würde."

Oder suchen Sie sich einen eigenen Satz aus.

■

Die letzte dieser Übungen ist für Zeiten, in denen der alltägliche Streß überhandnimmt und Sie versucht sind, Ihre Pläne für ein gesundes Körpergewicht über den Haufen zu werfen (oder dies soeben getan haben). Sie geht anders vor als die Übungen, die wir bisher besprochen haben. „Meditation" hat in dieser Übung eine andere Bedeutung.

In dieser Übung lesen Sie einen kurzen geschriebenen Text, der in bezug auf das Problem, mit dem Sie zu tun haben, von Bedeutung ist. Sie tun dies langsam und mit äußerster Konzentration. Sie versuchen zur gleichen Zeit, die Worte zu lesen und ihre Bedeutung zu hören. Sie lassen die Worte und ihre Bedeutung durch sich hindurchklingen. Sie verfolgen die Textpassage so aufmerksam Sie können.

Wenn Sie ans Ende dieses Abschnittes gelangen, lesen Sie den Text, den Sie dort finden. Wenn irgend möglich, lesen Sie laut. Sollte dies nicht möglich sein, lesen Sie „stimmlos", das heißt so, als ob Sie laut lesen würden: Bewegen Sie Mund und Lippen, ohne Ihre Stimmbänder klingen zu lassen. Auf diese Weise lesen Sie laut, ohne einen Laut von sich zu geben.

Lassen Sie sich Zeit. Nachdem Sie die Textpassage langsam gelesen und sich dabei bemüht haben, so aufmerksam wie möglich hinzuhören, nehmen Sie sich ein paar Minuten Zeit (wieviel das sein wird, haben Sie zuvor festgelegt – ich empfehle drei oder vier Minuten), in der Sie keine Pläne haben und kein Ziel verfolgen. Machen Sie es sich einfach körperlich bequem, und lassen Sie das, was in Ihrem Geist und mit Ihren Gefühlen passiert, einfach geschehen. Dann wiederholen Sie das Ganze noch einmal.

Tun Sie dies noch ein drittes Mal. Nachdem Sie einige Minuten ohne Plan und Ziel verbracht haben, fragen Sie sich, wie Sie sich jetzt, in diesem Augenblick fühlen. Versuchen Sie die Antwort in sich selbst zu spüren. Verweilen Sie eine oder zwei Minuten bei dieser Antwort.

Wenn Sie sich diese Meditation aussuchen, fügen Sie sie Ihrem normalen Programm hinzu. Versprechen Sie sich, daß Sie diese Übung jeden Tag gemeinsam mit dem übrigen Programm durchführen werden, und zwar über so viele Wochen, wie Sie zuvor festgelegt haben (ich schlage drei bis fünf Wochen vor). Halten Sie dieses Versprechen.

Ebenso wie die anderen Meditationen dieses Buches sieht

auch diese Übung viel einfacher aus, als sie ist. Wenn Sie mit dieser Übung arbeiten, werden sie bemerken, daß Sie bei den verschiedenen Durchgängen auf jeweils verschiedene Ebenen und Bedeutungen der Worte und Sätze hören und antworten. Über längere Zeit hinweg kann diese Übung sehr wirkungsvoll sein.

■ Mein Körper und ich sind eines. Wie ich meinen Körper behandle, so behandle ich auch mich selbst. Was ich mit meinem Körper mache, zeigt, wie ich über mich selbst denke, über mein Dasein, meine Hoffnungen, mein Schicksal.

■ Ich habe vielleicht jetzt noch keinen Einfluß auf meine Gefühle über meine Art zu sein und das Leben, das ich wirklich verdiene und gerne leben möchte.

■ Aber ich kann so handeln, als ob ich mich innig und liebevoll um mich selbst kümmern würde. Ich kann die Dinge in die Hand nehmen und meinen Körper so behandeln, als ob ich ihn wertschätzen und lieben würde. Ich kann mich so verhalten, als ob ich an mich selbst hohe Erwartungen hätte. Ich kann mein Handeln kontrollieren.

■ Ich kann nicht darüber entscheiden, wie meine Gefühle, Wünsche und Träume sein werden. Aber ich kann entscheiden, wie ich auf sie reagiere und in Zukunft reagieren werde. Ich habe vollkommene Kontrolle über meine Muskeln und mein Handeln. Ich kann entscheiden, was und wieviel ich esse und wie und wieviel ich übe. Ich kann entscheiden, wie ich mich selbst behandle. Ich habe die Kontrolle über mein Handeln.

■ Ich weiß, daß ich eine gute Meinung von mir gewinnen kann, indem ich mich so verhalte, als ob ich es wert sei, gemocht und wertgeschätzt zu werden. Wie auch immer meine Gefühle und Wünsche sind oder sein werden, ich bin verantwortlich dafür, wie ich mich mir selbst gegenüber verhalte. Ich besitze die Macht dazu, mich selbst liebevoll zu behandeln.

Der große französische Philosoph Blaise Pascal war ein durch und durch ernsthafter Mensch. Von ihm ist nicht bekannt, daß er jemals ein oberflächliches Wort gesagt hat. (Er erfand im Alter von siebzehn Jahren die Geometrie des Kegels, was ich persönlich eher beängstigend finde!) Er lebte in einem Zeitalter, in dem die Menschen sich die große Frage nach der Existenz und Güte Gottes stellten. Eines Tages fragte man ihn: „Was sollte ein Mensch tun, der seinen Glauben verliert?" Er antwortete: „Handle, als ob du glauben würdest, und der Glaube wird sich von selbst einstellen." Diese Antwort ist tiefgründiger, als es auf den ersten Blick scheinen mag und hat viel Wahres in sich.

Heute stellen wir uns vielleicht andere Fragen, und den meisten von uns erscheinen die großen Fragen des Zeitalters von Pascal nicht mehr entscheidend oder bedeutsam. Wir verfügen etwa über Informationen, die er nicht hatte und im siebzehnten Jahrhundert auch gar nicht haben konnte. Wir haben zum Beispiel einiges über die komplexe und dynamische Funktionsweise des Geistes gelernt. Aber Pascals grundlegende Einsicht ist heute unvermindert gültig. Unser Handeln bestimmt in einem hohen Maße, wie wir über die Welt, über andere und über uns selbst denken. Wenn wir uns selbst behandeln, als seien wir es wert, geachtet und geliebt zu werden, ist es sehr viel wahrscheinlicher, daß wir auch wirklich fühlen, dessen wert zu sein.

■

Für viele Menschen ist die folgende Meditation eine nützliche „Notfallbehandlung". Wenn innere und äußere Belastung derart überhandzunehmen drohen, daß Ihr Programm zur Gewichtskontrolle in Gefahr ist, probieren Sie sie aus. Führen Sie die Übung eine Woche lang täglich zusätzlich zu Ihrem normalen Programm durch. Anschließend entscheiden Sie, ob Sie die Übung über einen längeren Zeitraum hinweg machen wollen oder nicht. Wenn Sie sich dafür entscheiden, legen Sie einen Zeitraum fest, in dem Sie die Übung machen werden. Dann üben Sie. Falls Sie entschieden haben, daß eine Woche zum Üben ausreicht, können Sie später immer in dem Augenblick auf die Übung zurückkommen, wenn der Druck sich von neuem anstaut.

Machen Sie es sich körperlich bequem. Machen Sie ein paar Minuten lang eine „Zentrierungsübung" aus dem zweiten Kapitel (Atemzählen, Kontemplation oder die Übung mit dem Lichtpunkt). Imaginieren Sie nun eine weiße Kinoleinwand. Machen Sie sich ein genaues Bild von dieser Leinwand. Dann stellen Sie sich vor, daß auf dieser Leinwand in ein paar Minuten ein Film darüber gezeigt wird, wie Ihr Leben in drei Monaten (von heute an gerechnet) sein wird, wenn Sie es schaffen, Kontrolle über sich und Ihr Leben zu gewinnen. Seien Sie realistisch – wir reden hier nicht davon, daß Sie vielleicht im Lotto gewinnen oder in ein Märchenschloß einziehen! Das Geschehen auf der Leinwand zeigt Sie, wie Sie mit dem gesunden Körpergewicht leben, das Sie erreichen werden, wenn Sie bei Ihrem Programm bleiben und sich selbst und Ihr Handeln unter Kontrolle behalten. Sie würden dann ja auch andere Aspekte Ihres Lebens soweit wie möglich unter Ihre Kontrolle gebracht haben. Sie könnten sie ausbauen und so gestalten, daß sie Ihren Herzenswünschen eher entsprechen. Stellen Sie sich sich selber vor, wie Sie wären, wenn alle diese Bedingungen erfüllt wären. Warten Sie, bis die Leinwand zum Leben erwacht. Das kann dauern. Entspannen Sie sich und warten Sie. (Die Buddhisten sagen, die Bedeutung von „Gnade" sei „Geduld"!) Warten Sie und seien Sie gut zu sich selbst. Bleiben Sie bei dem Bild, sobald es erscheint. Lassen es sich fünfzehn Minuten lang entwickeln. Wiederholen Sie das Ganze am nächsten Tag.

Entwerfen Sie dieselbe Szene wie am Vortag, und arbeiten Sie einzelne Details stärker heraus, oder übertragen Sie Ihre Vorstellung auf andere Bereiche Ihres Lebens und Ihres Tagesablaufs: Wie wäre es, wenn Sie konsequent Ihr Handeln tatsächlich kontrollieren könnten und immer neue Bereiche hinzugewinnen würden? Nachdem Sie dies eine Woche lang geübt haben, entscheiden Sie, ob Sie mit dieser Übung weitermachen wollen oder nicht.

Viele gute Athleten arbeiten mit einer Variante dieser Übung. Sie imaginieren einen körperlich perfekten Ablauf. Diese Imagination hilft ihnen, ihre Bewegung auszuführen, wie sie es sich wünschen. Ein Stabhochspringer könnte sich also vorstellen, wie er Anlauf nimmt, das Ende seines Stabes optimal aufsetzt, sich selbst hochhebt und sich perfekt über die Stange manövriert. Wenn er diese Vorstellung ganz klar vor seinem inneren Auge hat, erhöht sich die Wahrscheinlichkeit, daß er sie dann tatsächlich auch so ausführt. Ebenso ist es mit unserem Diät- und Übungsprogramm: Wenn wir uns ganz genau vorstellen, was wir erreichen wollen, erhöht sich die Wahrscheinlichkeit, daß wir es schaffen werden, uns in die gewünschte Richtung weiterzuentwickeln und unsere Ziele zu erreichen.

■

Sie können noch etwas tun, um sich auf die besonders harten Momente vorzubereiten, in denen Sie Gefahr laufen, Ihr Ziel und den Sinn Ihres Programms aus den Augen zu verlieren: Setzen Sie sich hin und schreiben Sie bereits im voraus die Dinge auf, die Sie sich selbst als Ersatz für etwas zu essen zukommen lassen können. Wie viele andere Übungen funktioniert auch diese Übung nur, wenn man die Dinge wirklich zu Papier bringt und nicht nur darüber nachdenkt. (Manche von Ihnen sind vielleicht fortschrittlicher als ich es bin: Für Sie mag es hilfreich sein, Ihren Computer für diese Übung zu benutzen. Verstandesmäßig kann ich das akzeptieren, obwohl ich es gefühlsmäßig nicht verstehe!)

Ich lernte diese Methode von einer sehr netten Dame, die ganz in meiner Nähe wohnte. Eines Tages fiel mir ein wunderschöner Rosenstrauch auf, der in ihrem Vorgarten stand. Ich sagte ihr, wie gut mir der Strauch gefiele und fragte sie, um welche Sorte Rosen es sich handele. Sie lachte und antwortete: „Ich weiß nicht, wie die Gärtner sie nennen, aber für mich ist sie meine Eiscreme-Rose." Sie erklärte mir, daß sie versucht habe, Diät zu halten, bis eines Tages alles falsch lief: Es fing damit an, daß sie eine lange geplante Reise absagen mußte und ging weiter damit, daß sie ein Loch im Dach ihres Hauses entdeckte, dessen Reparatur ein Vermögen kosten würde. Es schien wirklich alles schiefzulaufen. „Es war einer dieser Tage, die ich ‚die Tage der zerrissenen Schnürsenkel' nenne", erklärte sie mir. „Kaum will man seine Schuhe anziehen, reißt der Schnürsenkel, und man hat keine anderen im Haus. Als nächstes bricht der Henkel von der Kaffeetasse genau in dem Moment ab, in dem man sie zum Mund führen will, und der heiße Kaffee läuft einem über das neue Kleid. Von da an geht es den ganzen Tag nur noch bergab." Sie erzählte weiter, daß sie an dem besagten Tag noch in die Stadt gefahren war, um ein paar Dinge zu erledigen und beim Einparken einen tiefen Kratzer in ihr neues Auto gemacht hatte. Da hatte sie endgültig das Gefühl, genug sei genug und daß sie jetzt unbedingt eine Eisschokolade bräuchte, um die nächste Stunde zu überleben. Auf dem Weg in das Café, wo sie die Schokolade trinken wollte, war sie an einem Blumengeschäft vorbeigekommen, bei dem einige Rosenstöcke auf dem Gehsteig standen. Sie war plötzlich stehengeblieben und hatte sich gefragt, was sie wohl mehr trösten würde – die Eisschokolade oder ein neuer Rosenstrauch. Anschließend hatte sie gekauft, was sie jetzt „ihre Eiscremerose" nannte.

Schreiben Sie bei dieser Übung Dinge auf, die Sie nachhaltiger trösten als Essen. Nehmen Sie sich Zeit, und denken Sie eine Weile darüber nach. Seien Sie realistisch. Eine Weltreise ist sicherlich nichts Schlechtes, aber für die meisten von uns unerschwinglich. Machen Sie sich eine Liste mit verschiedenen „Eiscremerosen".

In Zukunft können Sie immer dann, wenn Sie merken, daß Sie im Begriff sind, unvernünftig viel zu essen, Ihre Liste hervorholen. Werfen Sie einen Blick darauf, und fragen Sie sich, womit Sie sich jetzt gerade längerfristig etwas Gutes tun können als mit Essen. Wenn Sie die Antwort gefunden haben, tun Sie es auch.

Diese Übung ist Teil des Gesamtprogramms, auf das Sie sich eingelassen haben. Sie üben damit die Fähigkeit, auf Streß nicht mehr mit dem neurotischen Bedürfnis nach Essen zu reagieren, sondern statt dessen Ihr Leben aufzuwerten und sich etwas zukommen zu lassen, das Ihren eigentlichen Bedürfnissen viel näher kommt als Essen. Sie „trösten" sich selbst auf die gesündeste Art und Weise. Solcher „Trost" steigert Ihre Lebensfreude und Selbstachtung, anstatt sie zu verringern. Diese Übung enthält also das gesamte Programm im kleinen.

In den vorhergegangenen Kapiteln habe ich über die Haltung gesprochen, die bei der Meditation notwendig ist: Man sollte versuchen, geistig so wach wie möglich zu sein, gleichzeitig jedoch vor allem eines tun: Man sollte sich selbst liebevoll, konsequent und freundlich behandeln. Sie sollten von sich selbst das beste verlangen, aber mit Humor und achtsam. Dies ist ein absolut wesentlicher Bestandteil der Meditation. Diese Haltung ist auch wesentlich, wenn Sie auf ein gesundes Körpergewicht hinarbeiten wollen. Sowohl beim Meditieren als auch bei dieser Aufgabe ist es das beste, wenn Sie sich selbst gegenüber in einer Hinsicht sehr konsequent sind, während Sie die Dinge in anderen Bereichen eher locker sehen können. Für die Meditation bedeutet das, daß man konsequent den besonderen Regeln einer spezifischen Meditationsform folgt – bei allem anderen machen Sie es sich so leicht wie möglich. Wenn es Sie irgendwo juckt, kratzen Sie sich und gehen Sie dann erneut an die Arbeit. Wenn Ihre Muskeln sich verkrampfen, strecken Sie sich, bis Sie sich wieder wohlfühlen, und machen Sie sich dann erneut an die Arbeit. Lassen Sie es sich so gut gehen, wie dies im Rahmen der Meditationsregeln möglich ist.

Das gleiche gilt für Ihr Bemühen um ein gesundes Körpergewicht: Der wichtigste Punkt ist, daß Sie die Regeln Ihrer Diät und Ihres Übungsprogramms konsequent befolgen – in unserem Fall ist dies das Meditationsprogramm, das Sie sich zusammengestellt haben. Die Regeln, die Sie sich in bezug auf dieses Programm gesetzt haben, befolgen Sie so streng wie möglich. Sie tun Ihr Bestes, um sich nicht davon abbringen zu lassen und nicht einzelne Sitzungen auszulassen oder zu überspringen und sich zu sagen „Ich übe dafür morgen länger" oder ähnlich. Aber in jeder anderen Hinsicht sind Sie so gut zu sich selbst wie nur möglich. Verwöhnen Sie sich, tun Sie sich etwas Gutes, besorgen Sie sich Ihren „Eiscremerosen"-Ersatz.

Im nächsten Kapitel, in dem es darum geht, wie Sie ihr neues Gewicht halten können, werden wir dies im Auge behalten. Doch jetzt wollen wir darüber sprechen, wie der gesamte Prozeß, der Sie dorthin bringen wird, am besten gelingt. Die Wahrscheinlichkeit, daß Sie erfolgreich sind, erhöht sich deutlich, wenn Sie sich selbst als jemanden behandeln, der es wert ist, daß man sich um ihn kümmert. Dies tun Sie, indem Sie sich Ihrer selbst in Ihrer gesamten Persönlichkeit bewußt sind und diese Persönlichkeit gut behandeln. Seien Sie sehr streng, was Kalorien und Üben angeht. Seien Sie in anderer Hinsicht großzügig mit sich selbst.

■

Seit Beginn der fünfziger Jahre herrscht in den USA eine Diätwelle. Ständig stößt man auf neue Diätformen. Nehmen Sie nur den Zeitungskiosk in Ihrer Nähe: Tag für Tag wird auf den Titelseiten in großen Lettern eine neue Diät angepriesen.

Die Bestsellerliste der New York Times führt meistens einen Titel zum Thema Diät auf. (Obwohl dieses Buch kein Diätbuch im hergebrachten Sinne ist – es geht nicht darum, sich ausschließlich von Erdbeeren oder Maltose zu ernähren –, hoffe ich natürlich, daß es eines dieser Bücher ersetzen und es auf die Bestseller-Liste schaffen wird!)

Ganz offensichtlich bewirken diese Bücher nichts. Wäre dies der Fall, hätten alle Menschen, die die Illustrierten lesen, ihre Gewichtsprobleme schon längst überwunden, und Zeitschriftenartikel, die zum Beispiel empfehlen, nur zwischen den Mahlzeiten zu essen und in zehn Tagen neun Pfund abzunehmen, würden sich schlicht nicht mehr verkaufen.

Es gibt eine schmerzhafte und unbehagliche Tatsache, die keine ernsthafte Methode ignorieren kann: Es gibt keine einfache, probate Methode, um abzunehmen. Sollten Sie glauben, daß es sie irgendwo doch gibt – vergessen Sie's. Es gibt sie einfach nicht. Sich zu verändern und innerlich zu wachsen, ist niemals schmerzlos oder problemlos möglich.

Oft hat man Ihnen das Gegenteil vermittelt, vor allem in den Illustrierten. Immer und immer wieder haben Sie gehört oder gelesen, daß, wenn Sie nur eine ganz einfache Sache tun (nachdem Sie das jeweilige Produkt erworben haben), alle Probleme gelöst werden. Sobald Sie ein bestimmtes Deodorant verwenden, werden Sie für das andere Geschlecht unwiderstehlich sein und schon bald in perfekt sitzender Abendkleidung zu einer Party fahren, auf der jeder absolut „in" ist – im Cabrio natürlich, denn das Wetter ist selbstverständlich perfekt! Essen Sie Vollkornflakes zum Frühstück, und werden Sie zum Champion, in welcher Disziplin auch immer – das ist Ihrer Phantasie überlassen.

Bevor wir dies noch weitertreiben, möchte ich auf eine allgemeine Einstellung zu sprechen kommen. Sie läßt sich am besten in die berühmten vier Regeln fassen, die Barry Commoner zur Beschreibung der ökologischen Grundgesetze verwendete:

1. Alles ist mit allem anderen verbunden.
2. Alles muß irgendwohin gehen.
3. Die Natur weiß es am besten.
4. Es gibt nichts umsonst.

Diese Regeln gelten für einzelne Menschen ebenso wie für ökologische Systeme. Liest man sie in umgekehrter Reihenfolge, so besagen sie, daß inneres Wachstum und eine Weiterentwicklung nicht zu erreichen sind, ohne daß Sie sich anstrengen und daran arbeiten. Je besser Sie mit Ihrem Körper umgehen, ihn ernähren und in einer Weise einsetzen, die Ihnen angemessen ist, desto besser wird es ihm gehen. Jedes Problem, das Sie haben, wird sich irgendwie auf Sie auswirken und sich irgendwo zeigen. Sie können einen Teil Ihres Organismus nicht dauerhaft auf ein und dieselbe Weise beanspruchen, ohne daß dies andere Teile Ihres Organismus mitbetrifft. Sie funktionieren als ein Ganzes in einer bestimmten Umgebung. Die natürlichen Funktionsweisen sind dabei die besten, aber um wieder zu ihnen zurückzugelangen, werden Sie unter Umständen hart arbeiten müssen.

Eine Reihe von Problemen erwächst aus Ihrer eigenen Einstellung zu Ihrem Gewicht. Menschen, die sich wegen ihrer Gewichtsprobleme in psychotherapeutischer Behandlung befinden, wird immer und immer wieder klar, daß sie nach einer Vielzahl von unsinnigen Glaubenssystemen leben, ohne es zu wissen. Ich habe Menschen getroffen, die längst über die Pubertät hinaus waren, weniger als hundert Pfund wogen und dennoch der Meinung waren, daß sie mit dem Gewichtsverlust auch ihre Probleme lösen würden. Magersüchtige oder Bulimiker meinen hingegen umgekehrt: Wenn sie nur dünn genug wären, würden alle ihre sexuellen Eigenschaften schwinden und sie seien damit sicher vor ihren eigenen Trieben.

Menschen, die ernsthaft übergewichtig sind, haben es unter Umständen mit ähnlichen unbewußten Überzeugungen zu tun. Einige von ihnen glauben, daß sie vor ihrer eigenen Sexualität sicher sind, solange sie dick sind. Für andere bedeutet dick zu sein, ihre Wut über einen bestimmten Menschen oder eine bestimmte Situation zu unterdrücken. Vielleicht wollen sie mit ihrem Dicksein auch sich selbst oder einen anderen Menschen strafen. Daß solche Überzeugungen vielfach unbewußter Natur sind, mindert keineswegs den Einfluß, den sie auf uns haben. Sie können machtvolle Kräfte sein, wenn es darum geht, uns selbst zu sabotieren.

Solche Phantasien treten oft genau dann an die Oberfläche, wenn wir ernsthaft auf ein gesundes Körpergewicht hinzuarbeiten beginnen, so daß wir uns ihrer sehr bewußt werden. Falls Sie mit einem guten Psychotherapeuten zusammenarbeiten, ergibt sich daraus sicherlich einiger Gesprächsstoff. Falls Sie einer Selbsthilfegruppe angehören, in der es möglich ist, darüber zu sprechen, werden Sie möglicherweise erstaunt sein, wie viele andere Menschen Ihre Erfahrungen teilen.

Nehmen wird jedoch einmal an, Sie können weder mit einem Psychotherapeuten noch innerhalb einer Gruppe noch mit irgendeinem anderen Menschen über diese Dinge reden. Für diesen Fall schlage ich vor, daß Sie sich an die alte Grundregel des Psychiaters William Alanson White erinnern und sie anwenden: Er hat festgestellt, daß wir alle in den meisten Bereichen unseres Lebens ziemlich normal sind und in einigen anderen Bereichen ziemlich neurotisch oder exzentrisch (je nachdem, wie wohlhabend wir sind). Darüber hinaus gibt es für jeden von uns einen Lebensbereich, in dem wir total verrückt sind. Nach White ist es eine der Aufgaben des Erwachsenseins, festzustellen, welcher Bereich das ist und uns entweder von unserer Verrücktheit zu heilen oder sie zu akzeptieren und auszugleichen. Wenn Sie sich also über Ihre eigene, ganz persönliche Verrückheit klarwerden, erkennen Sie sie an, lächeln Sie darüber, wenn möglich, und tun Sie Ihr Allerbestes, um diese Verrücktheit auszugleichen.

■

Ein zweiter Problembereich entsteht aus den Einstellungen und dem Verhalten anderer Menschen. Oft beginnen ausgerechnet diejenigen Menschen, die Sie jahrelang beschworen haben, doch abzunehmen, genau in dem Moment damit, Sie zu sabotieren, wo Sie ernsthaft damit anfangen. Dies ist ein weiteres Problem, das Sie auf eine für Sie möglichst effektive Art und Weise anzugehen haben, aber rechnen Sie damit, daß es auftaucht. Schwierigkeiten ergeben sich meist aus den Phantasien der anderen und aus der Tatsache, daß die meisten Menschen nicht gerne nachdenken. Sobald ein Mensch, an dem ihnen liegt, sich zu verändern beginnt, müssen sie aber darüber nachdenken. Und dann versuchen sie, diesen Menschen unbewußt wieder in seine gewohnte Art zu sein zurückzustoßen, damit sie auch weiterhin gleichsam „automatisch" auf diesen Menschen reagieren können und neue Denkweisen erst gar nicht ausprobieren müssen. Im folgenden zitiere ich einige Beispiele, die Eda LeShan von verschiedenen Personen zusammengetragen hat.

Wir hatten in letzter Zeit viel Besuch, und plötzlich ist mir aufgefallen, daß wir in den letzten Monaten von drei verschiedenen Leuten Salz- und Pfefferstreuer bekommen haben. In vierunddreißig Jahren Ehe habe ich niemals so viele Salz- und Pfefferstreuer besessen! Und das, nachdem ich aller Welt erzählt habe, daß ich mich für den Rest meines Lebens kochsalzfrei ernähren möchte. Seltsam!
Maxine hat mir geschrieben, wie es ist, sich daran zu gewöhnen, wieder zu Hause zu sein. Sie hat die Kommentare aufgelistet, die sie bisher zu hören bekam: „Eine rechthaberische Tante hat gesagt ‚Laß das besser!'. Eine Freundin, die es nicht schafft, mit dem Rauchen aufzuhören, hat gesagt: ‚Du bist jetzt viel zu dünn.' Von einer dicken Freundin, von deren Ehemann ich gerade ein Kompliment erhalten hatte, bekam

ich zu hören: ‚Dünn zu sein ist genauso gefährlich wie dick zu sein.' Im Golfkurs sagte ein Freund zu mir: ‚Solange man schlank bleibt, ist es toll, aber ich habe noch nie jemanden getroffen, der nicht irgendwann wieder sein altes Gewicht gehabt hätte.' Wie schön, wieder zu Hause zu sein!"

Ich erhielt einen Notruf: Ob ich nach Chicago kommen könne, um eine Rede zu halten. Pat sei jetzt doch im letzten Moment verhindert und untröstlich darüber. Ich lehnte ab mit der Begründung, daß ich noch beim Abnehmen sei und Reisen einfach ein zu großes Problem für mich darstelle. Die Frau am anderen Ende der Leitung sagte in leicht bevormundendem Ton: „Nun, ich möchte natürlich nicht, daß Sie irgend etwas tun, das Ihrer Gesundheit schadet – aber schließlich sind Sie ja nicht krank, schließlich tun Sie das ja vor allem der Schönheit wegen, oder?"

Heute morgen rief ich geschäftlich in New York an, und Bills Sekretärin war gerade zum Schwatzen aufgelegt. „Wir mögen dich alle so, wie du bist", erklärte sie mir. „Du solltest dich selbst nicht um das Vergnügen bringen, das du beim Essen hast – das Leben ist zu kurz dazu. In deinem Alter braucht man nicht schlank zu sein." Sie selbst ist dreißig und trägt Größe 34/36!

Am nächsten Tag traf ich zufällig Dan am Flughafen. Er rief: „Jetzt ist an dir weniger dran, was man lieben kann!" Ich hätte ihn umbringen können. Ich antwortete: „Wage es nie wieder, sowas zu mir zu sagen – ausgerechnet du, der jeder Frau hinterhersteigt, die wie Twiggy aussieht!" Er hatte es dann plötzlich sehr eilig. Ich glaube nicht, daß wir in Zukunft noch viele Gespräche haben werden!

Gestern abend rief Diane an, um zu hören, wie es mir geht. Ich erzählte ihr, daß ich dreißig Pfund abgenommen habe. Ihre erste Reaktion war: „Dann erkenne ich dich ja gar nicht mehr wieder!" Das ist eine erschreckende Aussage, die ins Herz meiner eigenen Ängste trifft. Aber das war weniger schlimm als das, was sie als nächstes sagte: „Armer Larry – von jetzt an werden alle Männer hinter dir her sein." Was damit ausgesagt war, war klar: Solange ich noch dick war, ging keine derartige Gefahr von mir aus.

Roger hat mir geschrieben: „Warum mußtest du erst nach North Carolina gehen, um dich fast zu Tode zu hungern? Das hättest du auch zu Hause machen können, wo alle deine Freunde hätten zusehen können, wie du langsam verschwindest." Dünne Menschen haben anscheinend in etwa dieselben Phantasien wie dicke!

In einem Brief von Kate steht: „Ich kann mich nicht damit anfreunden, daß du jetzt so mager sein sollst. Womöglich siehst du hager aus und nicht mehr so einladend und warmherzig wie früher."

Alice hat angerufen. Sie sagte: „Ich bin sowas von eifersüchtig! Jetzt wirst du berühmt und erfolgreich sein und obendrein noch schlank. Das ist fast nicht zum Aushalten!"

Nadine ist von einem Besuch zu Hause zurückgekommen. Sie hat uns erzählt, wie es ist, wieder unter „Zivilisten" zu sein: Nicht gut. „Alle haben mir gratuliert und mir Komplimente gemacht, aber niemand hat wirklich geglaubt, daß es mir ernst damit ist, schlank zu bleiben. Ständig wurde ich zum Mittagessen oder zum Abendessen und zu Cocktailparties eingeladen. Dauernd haben sie versucht, mich zu ,einem kleinen Drink' zu verführen: ,Das mußt du einfach probieren'. Die Welt ist voller Saboteure", erzählte sie uns.

■

Bevor Sie mit einem Übungsprogramm anfangen, sollten Sie sich darüber im klaren sein, ob Sie abnehmen wollen, um gesund oder um schlank zu sein. Das ist nicht dasselbe. Das Wort „schlank" bezieht sich vor allem auf Ihre äußere Erscheinung, darauf, wie andere Sie sehen. Wenn Sie Ihr Leben damit verbringen möchten, daran zu arbeiten – tun Sie's. Eines Tages werden Sie so erwachsen sein, daß Sie zu „gesund" wechseln. „Gesund" bezieht sich in erster Linie darauf, wie Sie selbst über sich urteilen und wieviel Freude Sie am Leben haben. Es ist sicherlich zutreffend, daß viele von uns ihr Körpergewicht ändern müssen, um gesünder zu werden, mehr Freude an uns selbst und an unserem Leben zu haben und um Krankheiten besser vorbeugen zu können. Um gesund zu sein, benötigen Sie sowohl körperliches Training als auch angemessene Eßgewohnheiten.

Verwechseln Sie „Arbeit" nicht mit „körperlichem Training". Sie mögen am Tag eine Menge tun und abends erschöpft sein, aber solange Sie nicht irgendwann am Tag Ihre Muskeln wirklich anstrengen, beanspruchen Sie sie nicht wirklich, und solange Sie nicht einmal am Tag Ihr Herz-Kreislauf-System richtig anstrengen und für eine gewisse Zeitlang richtig in Schwung bringen, beanspruchen Sie es nicht völlig, und die Wahrscheinlichkeit ist gering, daß sich die Funktion eines der beiden Systeme verbessert. Körperliches Training beansprucht die Muskeln und/oder das Herz-Kreislauf-System. Danach haben Sie das Bedürfnis, sich auszuruhen, und Sie sind verschwitzt (es sei denn, Sie sind geschwommen).

Ein Trainingsprogramm ist von wesentlicher Bedeutung für die Gesundheit, aber nicht für das Schlanksein. Ein gut trainiertes Muskelsystem oder ein gesundes Herz-Kreislauf-System lassen sich nicht durch Meditation erreichen, so sehr Sie es auch versuchen. Beides ist jedoch ein Teil von Ihnen, der für ein gesundes Körpergewicht benötigt wird – und für einen gesunden Körper.

Es gibt keine Regeln, die festlegen, was ein „gutes" Trainingsprogramm ist. Die Menschen unterscheiden sich so sehr voneinander, daß es für jede derartige Regel mehr Ausnahmen geben würde als Menschen, die diese Regel tatsächlich befolgen sollten. Es gibt jedoch einige Faustregeln – Dinge, die man in Betracht ziehen sollte: Trainieren Sie regelmäßig, drei-, vier- oder fünfmal pro Woche. Trainieren Sie nicht bis zur Erschöpfung. Setzen Sie ein Programm fest, nach dem Sie sich angenehm ermüdet fühlen. Finden Sie heraus, welche Art von Bewegung Ihnen Spaß macht oder Ihnen zumindest nicht ausgesprochen unangenehm ist. Sobald Sie Ihr Programm entworfen haben, befolgen Sie es so diszipliniert und streng, wie Sie können – Sie haben sich selbst ein Versprechen abgenommen, und Sie werden sich selbst viel mehr mögen, wenn Sie dieses Versprechen auch halten. Im großen und ganzen kann noch gesagt werden, daß Menschen, die ein angemessenes Körpergewicht erreichen möchten, Gewichtheben und das Training isolierter Muskelgruppen vermeiden sollten. Sie möchten Ihren Geist und Ihren Körper zu einem gut funktionierenden Ganzen machen, nicht einfach dicke Muskelpakete aufbauen. Allerdings gibt es auch hier Ausnahmen. Vielleicht sind Sie eine davon!

■

Maureen hatte nie Gewichtsprobleme gehabt, bis ihr Mann sie verließ, als sie Ende Vierzig war. Sie war in New York City aufgewachsen und hatte bis zum Abschluß ihres Kunststudiums an der Universität von Columbia bei ihren Eltern gelebt. Unmittelbar danach war sie mit ihrem frischgebackenen Ehemann in ein neues, gemeinsames Zuhause umgezogen. Die darauffolgenden zwanzig Jahre verbrachte sie damit, das Haus in Ordnung zu halten, zwei Kinder großzuziehen und ihren Mann in seiner beruflichen Karriere zu unterstützen. Sie hatte durch harte Arbeit dazu beigetragen, daß er erfolgreich war, und sie hatte ständig gespart, damit mehr Geld in die Firma ihres Mannes investiert werden konnte. Schließlich hatte das Unternehmen erste Erfolge, und dann begann es, sogar richtiggehend zu florieren, so daß es der Familie recht gut ging. Maureen und ihr Mann legten Geld für die Collegeausbildung ihrer Kinder an, zogen in eine komfortablere Wohnung um, und plötzlich, eines Sonntagmorgens, stand Maureens Mann auf, erklärte ihr, daß er zu einer anderen – jüngeren – Frau ziehen würde und ging. Die beiden darauffolgenden Jahre fühlte Maureen sich völlig verlassen und versank in Selbstmitleid. Sie erhielt ausreichend Unterhalt, um nicht arbeiten gehen zu müssen. Sie ging ins Theater, gelegentlich ins Museum, häufig ins Kino und traf sich mit Freunden, bis diese es leid waren, ihre Klagen anzuhören. Im ersten Jahr nach der Trennung nahm sie fünfzig Pfund zu, im zweiten Jahr noch weitere zwanzig Pfund.

Am Ende des zweiten Jahres war sie vollkommen verzweifelt, und es war ihr bewußt, daß sie irgend etwas tun mußte, wenn sie sich nicht zu Tode essen wollte. Sie begann, sich nach einem Psychotherapeuten umzuhören. Sie war intelligent genug, um zu wissen, daß sie bei aller Dringlichkeit doch erst einen geeigneten Therapeuten oder eine Therapeutin finden mußte, und machte sich auf die „Einkaufstour" auf, die heute jeder machen muß, der einen Therapeuten finden möchte, mit dem er zusammenarbeiten kann. Die ersten fünf Therapeuten, denen sie einen Besuch abstattete, verfügten allesamt über gut eingerichtete Praxen an erstklassiger Adresse und gut gefüllte Terminbücher. Sie waren gut gekleidet und besaßen gute Manieren. An den Wänden hingen beeindruckende Zertifikate. Maureen wurde klar, daß keiner dieser Therapeuten sie als ein Individuum betrachtete, als einen erwachsenen Menschen, der gelitten und sich bemüht und sein Bestes getan hatte, sondern sie alle sahen in ihr eine dicke Frau, bei der sie dieselben Methoden und Techniken anwenden würden wie bei jedem anderen Menschen. Sie alle waren zu dem Glauben herangebildet worden, daß es „eine" richtige Methode gebe, Psychotherapie zu „betreiben" (allerdings stimmten sie in bezug darauf, um welche Methode es sich dabei handele, nicht überein), und daß sie bei korrekter Anwendung dieser Methode jedem Menschen, der in ihre Praxis kommen würde, helfen könnten – vorausgesetzt, er war behandelbar. Der verbleibende Rest unbehandelbarer Menschen war einfach zu bedauern. Maureen absolvierte bei jedem dieser Therapeuten eine Sitzung und suchte weiter.

Die sechste Therapeutin, mit der sie es probierte, war ganz anders. Nach der Sitzung rief Maureen bei einer Freundin an und erzählte ihr: „Sie ist einfach wunderbar. Sie versucht nicht, mich auf irgend etwas festzulegen, sondern mir dabei zu helfen, mehr ich selbst zu werden. Und sie glaubt, daß ich jemand Besonderes sein könnte. Vielleicht ist sie ja verückt, aber ich mag sie, und sie mag mich. Jedenfalls ist sie von allen Therapeuten, bei denen ich war, die erste, die weiß, daß ich ein wirklicher Mensch bin und nicht irgendeine dieser ‚armen dicken Frauen, die meine Hilfe brauchen'."

Maureen arbeitete mit dieser Therapeutin ein gutes Jahr zusammen und fühlte sich mit ihrem Leben viel besser. Sie ging regelmäßiger ins Museum und machte Kurse in Kunstgeschichte an einer nahen Universität. Sie bewarb sich für einen Ausbildungslehrgang für Kunstführer am „Metropolitan Museum of Art" und wurde angenommen. Nach einer ersten Einführung wurden ihr Gruppen von Museumsbesuchern zugeteilt, die sie durch bestimmte Abteilungen des Museums führte und ihnen die Maler und ihre Gemälde erklärte. Sie entdeckte, daß diese Tätigkeit ihr sehr viel Spaß machte und daß sie sich jeden Morgen darauf freute, aufzustehen und zur Arbeit zu gehen. In dem Maße, wie sie ihr eigenes Leben interessanter fand, fanden auch andere Menschen sie interessanter. Es gab jetzt mehr Dinge, über die sie sprechen konnte, als nur darüber zu klagen, wie unfair das Leben mit ihr umgegangen war und wie schwer alles für sie sei. Ihr Sozialleben verbesserte sich.

Das einzige Problem, mit dem sie nicht zurechtzukommen schien, war ihr Gewicht. Obwohl sie viele Aspekte dieses Problems im Zuge der Psychotherapie ergründet hatte – ihre Angst davor, wie sie sich verhalten würde, wenn sie schlank und attraktiv wäre, ihr Bedürfnis, sich selbst für das zu bestrafen, was ihr passiert war und so weiter – bekam sie es einfach nicht in den Griff, das für sie beste und gesündeste Körpergewicht zu erreichen. Sie probierte es mit einigen Selbsthilfegruppen, hatte jedoch nicht den Eindruck, daß dies das Richtige für sie sei. Sie verbrachte zwei wunderbare Wochen in einem luxuriös ausgestatteten Institut für Schlankheitskuren. Sie mochte es, wie man sie dort verwöhnte, massierte und sich ganz allgemein um sie kümmerte. Sie nahm zehn Pfund ab, die sie jedoch innerhalb weniger Wochen wieder zunahm. Sie kam mit ihrer Therapeutin darin überein, daß sie das eigentliche Problem auch dann nicht wirklich lösen könnte, wenn sie den Rest ihres Lebens in dem Institut verbrächte. Sie wußte, daß letztendlich sie selbst es war, die abnehmen und das neue Gewicht dauerhaft aufrechterhalten mußte. Sie entschied sich, es mit Meditation zu probieren. Für ihr Programm suchte sie sich die Kontemplationsübung aus, bei der sie mit einer Muschel arbeiten wollte. Nachdem sie diese Übung wie geplant fünf Wochen lang durchgeführt hatte, wechselte sie zur Atemzähl-Meditation, die ihr wesentlich mehr lag. Als zweite grundlegende Meditation suchte sie sich die Übung des „Tausendblättrigen Lotus" aus, bei der sie das Wort „Nahrung" als Zentrum wählte. Dabei blieb sie während der gesamten Zeit, die sie mit dem Programm arbeitete. Sie fand heraus, daß die Übung sie eines der Dinge, über die sie in ihrer Psychotherapie so oft gesprochen hatte, wirklich verstehen ließ: Kein Teil von ihr existiert losgelöst von den anderen Teilen. Ihre Geschichte, ihre Gefühle und ihr Körper beeinflussen sich wechselseitig. Es ist nicht möglich, sie klar voneinander zu trennen. Jeder dieser Aspekte ist ein Teilaspekt ihres gesamten Daseins. Und sie, Maureen, ist ein Ganzes, nicht eine Ansammlung von Teilen. Sie begann damit, beim Frühstück die „Ein-Punkt"-Übung zu machen und fand heraus, daß ihr Bedürfnis nach Nahrung geringer wurde und daß sie ihre Frühstücksgewohnheiten langsam positiv veränderte. Später fand sie heraus, daß dieselbe Entwicklung auch in bezug auf die anderen Mahlzeiten des Tages einsetzte.

In der neunten Woche ihres Programms ging Maureen ins Kino, und kurz bevor der Film begann, sah sie, daß sechs Reihen vor ihr ihr Ex-Ehemann und seine neue Frau saßen. Sie lachten sich an, hielten Händchen und schienen sich bestens zu amüsieren. Sie war sehr aufgeregt – das wohlbekannte Gefühl des Selbstmitleids stieg von neuem in ihr auf. Um zwei Uhr nachts konnte sie immer noch nicht einschlafen. Sie stand auf, zog sich an und rief ein Taxi, um zu einem zehn Blocks entfernten Supermarkt zu fahren, der die ganze Nacht über geöffnet war.

Sie kam mit zwei Papiertüten nach Hause, die mit „Junk Food" aller Art gefüllt waren. Als sie ihre Ausbeute auf dem Küchentisch ausbreitete, erschreckte sie das bloße Ausmaß an Nahrung. Sie schaute eine geöffnete Keksschachtel an (ein halbes Dutzend Kekse hatte sie schon auf dem Heimweg gegessen) und entschied sich dafür, die Fortsetzung ihres Eßanfalls um ein paar Momente zu verschieben. Mühsame zehn Minuten lang führte sie die Atemzähl-Übung durch und versuchte dabei mit äußerster Anstrengung, bei der Übung zu bleiben und ihren Geist immer wieder dorthin zurückzubringen, sobald ihre Gedanken umherzuschweifen begannen. Am Ende der festgesetzten Zeit schaute sie sich nochmals den Berg von Nahrungsmitteln an, der sich auf dem Tisch auftürmte, lachte sich selbst zu und schwor sich, daß ihr Ex-Mann nie mehr über ihr Leben bestimmen sollte. Sie warf den Rest der Kekse in den Mülleimer und verstaute die ungeöffneten Verpackungen in einer großen Plastiktüte, die sie am nächsten Morgen zu einer nahegelegenen Armenküche brachte. Dieser Vorfall ließ ihr Selbstvertrauen merklich ansteigen, aber sie entschied sich, für den Fall eines Falles ihrem Programm für den nächsten Monat noch ein Mantra hinzuzufügen. Sie wählte den Satz „Ich bin für mein Leben verantwortlich". Sie blieb so lange bei der Übung, wie sie sich vorgenommen hatte. Danach hatte sie kein Bedürfnis mehr, die Übung fortzusetzen.

Nachdem sie sorgfältig nachgedacht und eine Zeitlang experimentiert hatte, suchte sie sich ein Trainingsprogramm aus, das sie zusätzlich zu ihrem Meditationsprogramm durchführen wollte. Sie ging dreimal in der Woche in ein Fitneßstudio und lief dort in stetigem Tempo auf einem Laufband. Sie versuchte nicht zu rennen oder sich selbst aus der Puste zu bringen, erhöhte jedoch die Geschwindigkeit des Laufbandes während der ersten zehn Minuten auf drei Stundenkilometer, was sie vierzig Minuten lang durchhielt. Danach verringerte sie die Geschwindigkeit langsam wieder bis auf zwei Stundenkilometer. Auf den Rat ihrer Therapeutin hin macht sie aus den zentralen vierzig Minuten ihres Trainings eine Meditationsübung, bei der sie versucht, aufmerksam auf das zu achten, was sie gerade tut – gehen – und auf nichts sonst. (Diese Übung wird oft in der Schule von Gurdjieff angewandt und dort zur Weiterentwicklung der Persönlichkeit eingesetzt. Einigen Menschen kann diese Übung sehr viel bringen. Andere haben eher das unangenehme Gefühl, etwas zu tun, das für sie nicht richtig ist. Sobald dies passiert, sollte man natürlich mit der Übung aufhören.) Für Maureen war dies eine gute Übung, bei der sie ein sehr gutes Gefühl hatte, obwohl ihre Gedanken vielfach abschweiften. Nach dem Laufbandtraining ließ sie sich massieren oder ging für ein paar Minuten ins Dampfbad. Anschließend duschte sie und ruhte sich eine Stunde lang aus. Nachdem sie sich auf diese Weise etwas Gutes getan hatte, fühlte sie sich meist besonders wohl und schlief in den darauffolgenden Nächten ganz besonders gut.

Im Laufe des nächsten Jahres ergaben sich drei weitere Gelegenheiten, bei denen Maureens Gefühle und die äußeren Ereignisse in einer Weise zusammenkamen, die es ihr schwer machten, mit dem Programm fortzufahren. Zwei- oder dreimal aß sie bis zur Erschöpfung. Danach kehrte sie jeweils für einen Monat zu ihrer Mantra-Übung zurück. Wichtiger jedoch war, daß sie gelernt hatte, sich selbst nicht zu verurteilen, wenn so etwas passierte, sondern sich dafür zuzulächeln, daß sie mit den Schwächen und Problemen zu tun hatte, die das Menschsein mit sich bringt, und anzuerkennen, daß sie sich bemüht hatte und immer noch sehr hart arbeitete und darum zu Recht stolz sein konnte auf ihre Fähigkeit, es auch weiterhin zu versuchen und sich selbst nicht wegen ihrer Schwäche und menschlichen Schwachpunkte zu kritisieren.

Inzwischen ist Maureen mehr als ein Jahr bei ihrem Programm geblieben. Sie ist kurz davor, das Gewicht zu erreichen, das sie gerne halten möchte und ist zufrieden mit sich und ihrem Leben. Sie hat einen Freund, dem es mit ihr ernst zu sein scheint, aber sie ist längst noch nicht bereit, ihn zu heiraten. „Er ist okay, und ich habe viel Spaß mit ihm", sagt sie, „aber ist noch nicht so weit wie ich!"

5 ■ Spezifische Probleme beim Meditieren

Das regelmäßig an erster Stelle genannte und am weitesten verbreitete Problem, das immer wieder genannt wird, besteht darin, einfach nicht meditieren zu können: Der Geist schweift immer und immer wieder ab, und es ist unmöglich, sich zu konzentrieren. Gelingt es dennoch, sich für kurze Zeit zu konzentrieren, so kann man die Konzentration nicht aufrechterhalten. Dieses Problem wurde mir immer wieder von Menschen geschildert, die zu meditieren versuchten. Oft geben sie verzweifelt auf in der Meinung, es einfach nicht schaffen zu können. „Ganz gleich, wie sehr ich es auch versuche", bekomme ich oft zu hören, „meine Gedanken schweifen immer wieder ab. Ich kann geistig einfach nicht so bei der Übung bleiben, wie ich sollte. Ich glaube, das ist einfach nichts für mich." Und damit geben sie ihre Bemühungen auf.

Menschen, die so reagieren, glauben, daß es ihnen anders als allen anderen geht. Sie meinen, die anderen oder fast jeder außer ihnen selbst könne meditieren, ohne dabei ständig abgelenkt zu sein, ohne in Gedanken dauernd abzuschweifen und das, was sie gerade tun, aus den Augen zu verlieren. Diese Vorstellung ist vollkommen falsch!

„Niemand lernt gut zu meditieren." Niemand. Noch nicht einmal die „Meister" der New-Age-Bewegung, die es zu geradezu mythischer Perfektion gebracht zu haben scheinen. Die heilige Teresa von Avila bekam eines Tages von einer ihrer Novizinnen zu hören, daß es wundervoll sein müsse, so zu sein wie sie und während der Gebete nicht ständig durch geistige und emotionale Unruhe gestört zu werden. Teresa antwortete: „Für was hältst du mich – eine Heilige?" Der heilige Bernhard, der viel über diese Dinge wußte, wurde einmal gefragt, wie oft er während seiner Übungen ausschließlich meditiere und nichts anderes tue, ohne daß sein Geist abschweife. Mit einem Seufzen, dessen Echo selbst über die Jahrhunderte hinweg noch zu vernehmen ist, antwortete er: „Wie selten die Stunde und wie kurz ihre Dauer!" Östlichen Mystikern und ihren Schülern ergeht es nicht anders, aber sie geben es seltener zu.

Es ist ähnlich wie bei einem Gehtraining. Wir alle sind im Gehen etwa gleich geübt, obwohl einige von uns vielleicht ein bißchen besser sein mögen – jedoch nicht viel. Einige Menschen jedoch sind in ihrem Training konsequenter als andere. Manche von ihnen trainieren Gehen im Rahmen eines Gesundheitstrainings, das auf ihre spezifischen Bedürfnisse zugeschnitten ist. Es ist also kein sportliches Training „von der Stange", das für jeden mehr oder weniger gut geeignet ist, aber für niemanden wirklich richtig. Diejenigen, die konsequent und im Rahmen eines für sie persönlich geschaffenen Programms trainieren, sind erfolgreicher als andere. Das bedeutet nicht, daß sie „besser gehen" oder Geh-Experten sind. Sie trainieren einfach zusammenhängender und im Rahmen eines Gesamt-Programms.

Wie verändert sich Ihre Art zu meditieren mit zunehmender Erfahrung? Erstens lernen Sie, sich schneller dabei zu ertappen, wenn Ihre Gedanken abschweifen. Sie lernen, wie Sie sich nachdrücklich, freundlich und liebevoll wieder zur Übung zurückführen können. Sie lernen, konsequenter zu sein. Je besser Sie Ihre Widerstände gegen die Arbeit kennenlernen und je öfter Sie damit umgehen, desto nachgiebiger können Sie sich selbst zulächeln. Schließlich lernen Sie auch noch, daß es Ihnen besser geht, wenn Sie Ihr Meditationsprogramm regelmäßig durchführen und daß Sie es vermissen, wenn Sie es einmal ausfallen lassen. Dies schafft eine zusätzliche Motivation für regelmäßiges Üben.

Wird es Ihnen besser gehen, wenn sie so üben? Wird die Zeit immer länger werden, in der Sie ganz bei den Übungen sind und sie einfach durchführen – wach, bewußt, aufmerksam und nur auf eine Sache konzentriert, die Meditation nämlich? Die Antwort auf diese Fragen ist ein klares, uneingeschränktes „Manchmal". Möglicherweise wird Ihre Entwicklung im Laufe der Zeit so verlaufen, daß Ihre Erfahrungen immer unberechenbarer und extremer werden. Während mancher Sitzungen wird es Zeiten geben, in denen Sie ernsthaft und definitiv „bei der Sache" sind. Während dieser Sitzungen folgen Sie vollständig und über eine gewisse Zeit hinweg der Übung. Sie beenden diese Sitzungen mit einem Gefühl von „Wow!" – Sie haben den Eindruck, jetzt wirklich „den Dreh herauszuhaben", fühlen sich „aufgeladen" und gleichzeitig vielleicht angenehm entspannt und leicht ermüdet. Es wird auch Sitzungen geben, in denen Sie das andere Extrem erleben, Sitzungen, in denen Ihr Geist sich schlichtweg zu weigern scheint, bei einer Sache zu bleiben und sich bewegt wie ein außer Kontrolle geratenes Segelboot oder wie drei völlig betrunkene Passagiere, die auf dem Deck eines stampfenden Kreuzfahrtschiffes umhertorkeln. Der Vergleich mag Ihnen extrem und übertrieben vorkommen, aber er beschreibt, wie das Meditieren mitunter sein kann. Sie beenden diese Sitzungen mit einem Gefühl der Frustration – wenn Sie jedoch über die gesamte Zeit, die Sie sich vorgenommen hatten, versucht haben, bei der Übung zu bleiben und mit ihr zu arbeiten, fühlen Sie sich aber auch gut, irgendwie gestärkt und haben den Eindruck, Ihre Probleme jetzt besser angehen zu können. Sie denken sich in etwa: „Also, wenn ich es schaffe, eine Sitzung wie die gerade eben durchzustehen und mich nicht unterkriegen zu lassen, dann wird es eine Menge Mühe kosten, mich kleinzukriegen. Ich bin stärker und besser, als ich gedacht hätte." Wenn Sie jedoch in der Mitte einer Sitzung einfach aufgeben, werden Sie weniger Vertrauen in sich selbst und in die Zukunft empfinden. Sie werden sich mit sich selbst wesentlich weniger gut fühlen.

Typisch ist auch die Erfahrung, daß gerade wenn man lernt dabeizubleiben und sich einzufinden, das Programm einem völlig sinn- und zwecklos zu sein scheint. Man hat dann die emotionale Verbindung zur Motivation verloren. Ihre Arbeit kommt Ihnen saft- und kraftlos, mühevoll und bedeutungslos vor.

Der Trappistenmönch Thomas Merton, der sich viele Jahre lang einem intensiven Studium der Meditation widmete (sein Buch „Der Aufstieg zur Wahrheit" möchte ich an dieser Stelle besonders empfehlen), hat über diese Zeiten geschrieben, daß man sich fühle, als seien Geist und Empfindungen mit trockenem Staub angefüllt. Wenn Ihnen dies passiert und Sie den Kopf hängenlassen, denken Sie an das Versprechen, das Sie sich selbst gegeben haben, und halten Sie Ihre Verpflichtung ein. Das Gefühl wird recht schnell wieder vorübergehen. Wenn Sie dies nicht tun, sondern innehalten und dem Gefühl die Möglichkeit geben, sich erst richtig auszubreiten, oder wenn Sie Tricks ausprobieren, um Ihrer Arbeit von neuem Sinn zu geben, steht Ihr gesamtes Programm auf dem Spiel.

Dies alles hört sich so an, als sei Meditation eine harte und unangenehme Angelegenheit. Dies trifft nicht zu. Meditation ist ein aufregendes und erfüllendes Abenteuer. Aber wie bei jedem echten Abenteuer gibt es harte Zeiten und Fallstricke. Wenn Sie bereits im voraus wissen, was auf Sie zukommt, werden Sie deutlich besser in der Lage sein, mit Hindernissen fertigzuwerden und sie zu überwinden, wenn sie auftauchen. Doch die Reise an sich wird interessant und erfreulich sein. Ich selbst wäre nicht so viele Jahre lang bei Meditation geblieben, wenn ich nicht erfahren hätte, daß sie vielen Menschen nützt. Sie ist ein faszinierender Weg, mit vielen Problemen umzugehen und auch mit unserem jeweiligen Hauptproblem weiterzukommen: Wir lernen auf diese Weise, ein erfüllteres, reicheres und freudigeres Leben zu leben. Das ist die Mühe wert!

Wenn Sie also das Gefühl haben (und das wird sehr wahrscheinlich von Zeit zu Zeit der Fall sein), daß Sie nicht gut meditieren können, dann haben Sie recht. Aber die anderen können es auch nicht besser! Erwarten Sie nicht, gut meditieren zu lernen und sich im Laufe der Zeit dabei wesentlich zu verbessern – wenn Sie sich im Fitneßstudio auf ein Trimmfahrrad setzen, erwarten Sie schließlich auch nicht, an einen bestimmten Ort zu gelangen. Dies wird auch beim Meditieren nicht der Fall sein, aber die Arbeit an sich tut Ihnen gut, und aus diesem Grund tun Sie sie!

Das zweithäufigste Problem, das auftritt, nenne ich häufig das „Ich habe einfach keine Zeit dazu"-Syndrom. Es wird vielfach ergänzt durch „Ich bin vielbeschäftigt und führe ein kompliziertes Leben und schaffe es nicht, pro Tag zusätzlich eine halbe Stunde herauszuholen. Schließlich muß ich in erster Linie für meinen Lebensunterhalt sorgen und/oder mich um die Kinder kümmern und/oder jeden Tag meinen Terminplan erfüllen und/oder dafür sorgen, daß ich immer gut angezogen bin und/oder ..." usw. Häufig zeigt sich dieses Syndrom in Äußerungen wie „Alles lief gut, bis der Chef kam und mir eine zusätzliche Aufgabe zugeschoben hat und die Kinder Windpocken bekamen und der Kühlschrank kaputtging und meine Fahrgemeinschaft sich aufgelöst hat ..." usw.

Natürlich ist es für die meisten von uns schwierig, sich pro Tag zusätzlich eine halbe Stunde Zeit zu nehmen, in der wir uns wirklich um uns selbst kümmern. Die Welt stellt von außen viele harte und komplexe Forderungen an uns. Bevor Sie mit einem Meditationsprogramm beginnen, sollten Sie sich im klaren darüber sein, wo Ihre Prioritäten liegen. Wie wichtig ist es für Sie, ein gesundes Körpergewicht zu erlangen? Nehmen Sie sich ein paar Minuten Zeit, um ernsthaft über diese Frage nachzudenken. Ist Ihnen Ihr Gewicht so wichtig, daß Sie sich das Versprechen abnehmen, ihm jeden Tag eine halbe Stunde zu widmen und dieses Versprechen dann auch halten? Sollte dies nicht der Fall sein, fangen Sie nicht mit einem Programm an.

Selbstverständlich gibt es echte Notfälle. Sie und ich wissen jedoch ganz gut, daß wir abgesehen von derartigen Notfällen immer auf die eine oder andere Weise eine Möglichkeit finden werden, eine halbe Stunde herauszuholen, wenn uns unser Gewicht und unsere Gesundheit wichtig sind. Wie wichtig? Das müssen Sie für sich selbst entscheiden. Ein verbreiteter Widerstand besteht jedoch darin, daß man sich vom Druck der äußeren Ereignisse und Anforderungen überwältigt fühlt und nicht die Zeit oder Energie aufbringt, für sich selbst zu sorgen. Aus langjähriger eigener Erfahrung heraus kann ich Ihnen aber sagen, daß, wenn Sie diesem Gefühl nachgeben, es öfter und öfter vorkommen wird. Sie werden kaum noch Zeit für Ihr Programm finden, so daß Sie womöglich ganz davon abkommen. Wenn Sie sich jedoch die Zeit nehmen, um Ihr Programm täglich durchzuführen, selbst wenn dies bedeutet, daß Sie spätabends üben müssen, obwohl Sie erschöpft sind, dann werden die notwendige Zeit und Energie sich nach und nach wie von selbst finden. Das regelmäßige Üben wird Ihnen im Laufe der Zeit immer leichter fallen. Langjährige Erfahrung lehrt uns, daß dies die beste Methode ist, um mit diesem Problem klarzukommen. Es ist für viele Menschen, die mit dem Meditieren beginnen, tatsächlich ein Stolperstein.

Ein weiteres Problem liegt in der Einstellung, man sei „noch nicht bereit" dafür. Sie können sich zum Beispiel sagen: „Ich trage zu viele ungelöste Probleme aus meiner Kindheit mit mir herum, als daß ich wirklich gut mit mir selbst umgehen könnte." Oder: „Ich muß übergewichtig bleiben, damit ich für Menschen des anderen Geschlechts unattraktiv bleibe." Oder: „Ich darf nicht abnehmen, denn es sind die überschüssigen Kilos, die mir dabei helfen, meine unakzeptablen Emotionen unter Kontrolle zu behalten." Es gibt viele Variationen zu diesem Thema.

Jede der genannten Äußerungen kann ein unbewußter Grund dafür gewesen sein, daß man in der Vergangenheit diverse Anläufe, an Gewicht zu verlieren, sabotiert hat und daß man dies auch gegenwärtig wieder tun wird. Sollten derartige Empfindungen bei Ihnen so stark ausgeprägt sein, daß sie mit gutem Willen und Entschlossenheit allein nicht zu bewältigen sind, dann benötigen Sie eventuell psychotherapeutische Hilfe. Früher oder später werden Sie selbst jedoch die Kontrolle übernehmen müssen. Sie werden entscheiden müssen, wer über Ihr Leben bestimmt: Sie, wie Sie eben sind, oder unbewußte Gefühle aus Ihrer Kindheit. Wenn Sie sich dafür entscheiden, daß Sie es sind, der Kontrolle haben sollte, und zwar so, wie Sie eben sind, dann sind sie bereit, um mit dem Meditationsprogramm zu beginnen.

(Alles oben Gesagte gilt natürlich nicht nur für Übergewichtige, sondern auch für Menschen, die aufgrund von unbewußten Annahmen zu dünn sind. In beiden Fällen handelt es sich um neurotische Antriebe.)

In intellektuellen wie in psychologischen und psychiatrischen Kreisen ist „Wille" heutzutage ein höchst unpopulärer Begriff. Dies ist im großen und ganzen durch den inflationären Gebrauch dieses Begriffes im 19. Jahrhundert und zu Beginn des 20. Jahrhunderts bedingt. Mitunter wird diese Aversion jedoch lächerlich. (Es trifft nicht zu, daß man aus einer psychotherapeutischen Schule herausfliegt, sobald man dabei erwischt wird, wie man das Wort „Wille" gebraucht, aber sehr wahrscheinlich fällt man in der jeweiligen Fachrichtung zunächst einmal durchs Examen – um anschließend gesagt zu bekommen, man müsse sich selber nochmals einer Psychotherapie unterziehen.)

Manchmal ist es jedoch notwendig, daß man sich sagt: „Ich bestimme, was los ist – nicht meine Kindheitserfahrungen", und sich dann dementsprechend verhält. Sich zu sagen, daß man den eigenen neurotischen Antrieben hilflos ausgesetzt sei, steht derzeit hoch im Kurs und ist eine einfache „Lösung", die jedoch möglicherweise dazu beigetragen hat, daß Sie sich inzwischen in einer Situation befinden, in der Sie dieses Buch benötigen. Es wird Zeit, daß Sie diese „Lösung" gegen eine bessere austauschen!

Es ist ganz sicher sinnvoll, einen Arzt zu Rate zu ziehen, bevor man mit einem neuen Programm beginnt, das den Körper betrifft. Unter Umständen hat Ihr Körpergewicht auch etwas mit einer Erkrankung zu tun. Stellen Sie sicher, daß bei Ihnen keine Störung der Drüsensekretion oder sonst irgendein medizinischer Grund vorliegt – Sie könnten zum Beispiel unter einer gestörten Schilddrüsenfunktion leiden und entsprechende Medikamente benötigen –, und machen Sie sich anschließend an die Arbeit.

■

Andere typische Probleme beim Abnehmen treten auf, wenn wir uns von unserem Alltag ausruhen und entspannen. „Mit dem Programm lief alles prima, bis ich diese Kreuzfahrt gemacht habe/in Urlaub gefahren bin/im Hotel gewohnt habe, wo es fünfmal täglich etwas zu essen gab und man ständig mit Mahlzeiten beschäftigt war, die man schon im voraus bezahlt hatte und die so ansprechend serviert wurden" usw. Oder: „Das Programm lief glatt, bis meine Freunde/Verwandten mich besucht haben und wir soviel Zeit am Tisch mit Reden verbracht haben und sie außerdem jeden zweiten Abend essen gehen wollten" usw. Ihnen werden sicherlich noch andere Variationen zu diesem Thema einfallen.

Lassen Sie uns diese Sätze einmal genauer betrachten. Letzlich besagen sie: „Ich lasse zu, daß andere Menschen und äußere Umstände meine Eßgewohnheiten beeinflussen und mir vorschreiben, wie ich mich selbst und meinen Körper behandle. Ich nehme die Gelegenheit wahr, die sich bietet, um diese verflixte Diät und das Meditationsprogramm aufzugeben." Drückt man es so aus, so hört sich dies sehr viel weniger plausibel an. Es klingt deutlicher nach dem, was es tatsächlich ist – Ausreden.

Eine Kreuzfahrt oder eine Urlaubsreise ist eine Zeit, die Sie für sich haben sollen. Während dieser Zeit gehen Sie nicht zur Arbeit, um die Familie zu ernähren oder Ihre Rente zu sichern oder um eine Hypothek auf Ihr Haus abzubezahlen, um Geld für die Ausbildung Ihrer Kinder beiseite legen zu können oder aus ähnlichen Gründen. Die Urlaubszeit ist eine Zeit für Sie, und Sie können schon im voraus entscheiden, daß diese Zeit den besten Seiten Ihrer selbst gewidmet sein soll. Sie können diese Zeit nutzen, um Schlaf nachzuholen, sich ausreichend zu bewegen, das Bedürfnis nach innerem Wachstum zu erfüllen, vielleicht auch Romane zu lesen, frische Luft zu atmen, neue Dinge zu sehen und zu tun und vielleicht neue Ideen zu bekommen. Es ist eine Zeit, in der Sie Ihre positiven Fähigkeiten und Anlagen entwickeln sollten und nicht, um negative Seiten zu verstärken.

In der Regel wissen Sie im voraus, ob und wann Sie Urlaub machen, meist auch, ob Freunde oder Verwandte zu Besuch kommen werden. Verhalten Sie sich zwei Wochen oder länger vorher so, als wären Sie in einer Streßperiode. Fügen Sie Ihrem Programm eine der Meditationen aus dem vierten Kapitel hinzu. Bleiben Sie dann während des Besuchs oder der Reise bei Ihrem Programm. Sie werden fast immer die notwendige Zeit dazu finden, wenn Sie sich so verhalten, als ginge es gar nicht anders. Wenn Sie Ihr Programm in den Ferien aktiv durchführen, werden Sie sich gut fühlen, und Ihr Selbstvertrauen wird wachsen

Sie brauchen dabei nicht extrem zu sein oder jedem zu erzählen, was Sie tun. Probieren Sie das gute Essen, das auf dem

Kreuzfahrtschiff oder im Lieblingsrestaurant Ihrer Verwandten serviert wird, wenn Sie möchten. Essen Sie jedoch nur kleine Portionen. Sie werden einen einzelnen Löffel voll ebenso genießen, als wenn Sie den gesamten Teller leer essen. Und: Wenn Sie nur einige wenige Löffel voll essen, werden Sie viel zufriedener mit sich selbst sein und den Urlaub viel mehr genießen. Adlai Stevenson erzählte oft die Geschichte von dem kleinen Mädchen, das in der Schule gefragt wurde, wie man „Banane" buchstabiert. Sie antwortete: „Ich weiß, wie man es buchstabiert, aber ich weiß nie, wann ich aufhören soll, wenn ich davon esse." Wenn Sie versuchen, ein für Sie gesundes Körpergewicht zu erreichen, sollten Sie die allgemeingültige Regel befolgen, bei jeder Mahlzeit frühzeitig wieder mit dem Essen aufzuhören. Auf diese Weise werden Sie sich sehr viel besser fühlen!

Dies gilt natürlich auch für die Zeiten starken emotionalen Drucks. Eines Tages teilt man Ihnen mit, daß ein Nachbar, mit dem Sie scheinbar eine lange, gute und herzliche Beziehung verband, einen Rechtsanspruch auf einen Teil Ihres Grundstückes erhebt, nur weil er schon seit langem seinen Wagen dort parkt. Oder man informiert Sie, daß drei von vier Leuten in Ihrer Abteilung in einem Monat gefeuert werden und daß Sie erst in vier Wochen erfahren werden, ob Sie einer der drei oder der glückliche vierte sein werden. Oder Ihr Sohn kommt ins Gefängnis, weil er mit Drogen gehandelt hat, während Sie dachten, er würde studieren und bald sein Ingenieursdiplom erwerben. Oder Ihre Firma ist im letzten Jahr geschrumpft, und der Job, den Sie seit dreiundzwanzig Jahren machen, ist einfach verschwunden, ohne daß es irgendwo im ganzen Land irgendeinen Job zu geben scheint, für den Sie weder unter- noch überqualifiziert sind.

Derartige Katastrophen treffen jeden von uns irgendwann einmal. Es sind harte und schmerzvolle Erfahrungen, die uns tief verstören. Es fällt leicht und ist ganz natürlich, in solchen Zeiten zu sagen: „Mir reicht's. Ich habe so viele Sorgen und muß mich um soviel kümmern, daß ich weder die Zeit noch die Energie habe, um mit diesen blöden Meditationen oder mit meiner Diät weiterzumachen. Ich kann wenigstens am Essen meine Freude haben, bis das Schlimmste vorbei ist, und falls das jemals der Fall sein wird, kann ich mich immer noch an die Arbeit machen.“

Dies alles bedeutet nichts anderes, als daß die Dinge so schwierig und schmerzhaft geworden sind, daß Sie im Begriff sind aufzugeben, was Sie an Kontrolle über Ihr Leben noch haben. Doch Sie verbünden sich dann mit denjenigen Kräften, die Sie offenbar zu vernichten drohen. Da ohnehin schon alles gegen Sie gerichtet zu sein scheint, schließen Sie sich dem einfach an, wenden sich gegen Ihre eigene Gesundheit und gegen das, was Ihnen an Wohlbefinden und Selbständigkeit noch geblieben ist. Um dies noch deutlicher zu machen: Was würde Ihnen letztlich mehr Vergnügen bereiten – die Extraportion und das Dessert beim Mittagessen und das Eis vor dem Zubettgehen oder das Wissen, daß „die“ es nicht geschafft haben, Sie unterzukriegen und daß Sie immer noch kämpfen? Damit bewegen Sie sich auf mehr Gesundheit und ein gutes Selbstgefühl zu. Der Geschmack von Karamelpudding und die Erinnerung daran vergehen schnell; das gute Gefühl, das Sie daraus ziehen, daß Sie bei Ihrem Programm bleiben, hält viel länger an. Und es wird Ihnen eine wesentlich bessere Hilfe sein, wenn es darum geht, die Schwierigkeiten mit der Welt, die Sie jetzt und in Zukunft haben, zu bewältigen.

Die schlimmsten Zeiten sind die, in denen wir tief um einen lieben Menschen trauern. Wir kommen am besten durch diese Zeiten hindurch, indem wir unsere Trauer und Verletztheit akzeptieren. Wie man dies jeweils am besten macht, weiß jeder von uns. Die Möglichkeiten reichen von eiserner Selbstbeherrschung bis hin zum offenen Weinen. Es gibt jedoch eine Sache, die wir alle in solchen Zeiten tun können: Wir können uns fragen, was der Mensch, den wir verloren haben, für uns gewollt hätte. Hätte er gewollt, daß sein Tod uns kleiner werden läßt und uns zerstört, oder hätte er gewollt, daß wir uns weiterentwickeln und innerlich wachsen? Würde er uns mehr oder weniger Wachstum wünschen, würde er wünschen, daß wir unseren neurotischen Neigungen mehr oder weniger stark nachgeben, daß wir gesünder oder kränker werden? Wenn wir uns über die

Antworten auf diese Fragen im klaren sind, können wir versuchen, die Liebe, die wir für den Verstorbenen empfinden, einzusetzen, um das wahrzumachen, was dieser Mensch uns für diese extrem harte und schmerzliche Zeit gewünscht hätte.

■

Einen guten Teil der Arbeit im Bereich der psychotherapeutischen Behandlung diverser Störungen haben wir Herbert und David Spiegel zu verdanken. Sie geben zwei exzellente Leitlinien zum Erreichen eines gesunden Körpergewichts:

Die erste Leitlinie lautet: Essen Sie immer, immer mit Respekt, Respekt für Ihren Körper. Denn wenn Sie Ihren Körper respektieren, ist es unwahrscheinlich, daß Sie ihn jemals behandeln wie einen Mülleimer. Das Wichtigste dabei ist, daß Sie den größten Fehler vermeiden, der darin besteht, daß Sie sich sagen: „Iß das nicht." Sobald Sie sich in diese Falle begeben, verlieren Sie. Es ist so, als würden Sie sich selber sagen: „Hab' keinen Pickel auf der Nase." Fühlen Sie, wie es kribbelt? Oder: „Denk daran, nicht zu schlucken." Freie Menschen möchten nicht, daß man ihnen etwas befiehlt oder verbietet. Als Gott zu Adam und Eva sagte: „Eßt nicht von diesem Baum", war das das Ende des Paradieses. Dies ist eine grundlegende Beobachtung über die menschliche Befindlichkeit. Warum nicht eine Strategie daraus machen? Das kann folgendermaßen aussehen: Drehen Sie es um, und Sie haben den Umkehrschluß, der lautet, daß eine wesentlich effektivere Strategie zur Veränderung darin besteht, ein positives Verhalten als Grundlage zu nehmen. Wenn Sie die Dinge auf diese Weise angehen, respektieren und schützen Sie Ihren Körper. Indem Sie Ihren Körper davor schützen, daß Sie zuviel essen, können Sie Ihr Verhalten radikal ändern. Das Verhalten kann dann so lauten: „Ja, ich respektiere meinen Körper" anstatt „Iß das nicht".

Die zweite Leitlinie wird Sie überraschen. Lernen Sie wie ein Feinschmecker zu essen. Warum? Weil ein Feinschmecker alles sehr aufmerksam ißt. Jeder Bissen ist eine vollkommen erfüllte Begegnung mit Nahrung. Der Feinschmecker ist sich bewußt, wie sich diese Nahrung anfühlt, wie sie schmeckt und riecht, welche Temperatur sie hat und woraus sie sich zusammensetzt, und er ist so sehr von dieser Bewußtheit eingenommen, daß er aus jedem Bissen und Schluck unglaublich viel Erfüllung und Freude bezieht. Tatsächlich hilft dieser gesamte Vorgang Ihnen nicht nur dabei, Ihr Eßverhalten radikal zu verändern, sondern er bringt Ihnen auch die Freude am Essen zurück. Der Feinschmecker wird nie sagen: „Oh, jetzt habe ich etwas zum Essen hinutergeschluckt, aber ich weiß nicht mehr, wie es eigentlich geschmeckt hat – ich probiere besser noch einen Bissen." Er geht nämlich in jedem einzelnen Hinunterschlucken so konzentriert auf, daß ihm die Erinnerung daran bleibt. Er braucht sie nicht durch einen weiteren Bissen des Essens zu verstärken, denn er erinnert sich genau an das letzte Herunterschlucken. Das Klischee, alle Feinschmecker seien übergewichtig, stimmt einfach nicht. Die meisten großen Feinschmecker der Welt haben entweder ein normales Gewicht oder liegen darunter.

Diese beiden Leitlinien gehen in dieselbe Richtung wie das Meditationsprogramm, das in diesem Buch vorgestellt wird. Die Ähnlichkeit zum Beispiel zwischen der zweiten Leitlinie und der „Ein-Punkt"-Übung, die während einer Mahlzeit des Tages durchgeführt werden kann, ist offenkundig.

6 ■ Ihr ganz persönliches Programm zur Gewichtskontrolle

Ich habe bisher immer wieder betont – und werde es auch weiterhin tun –, daß Sie Ihr individuelles Programm finden sollen. Damit es wirklich wirksam ist, muß es ausschließlich Ihr Programm sein, nicht eines, das Sie „von der Stange" gekauft haben. Ihre Fingerabdrücke, der Aufbau Ihrer Netzhaut, Ihre Körperchemie, Ihr genetisches Erbe und Ihre Lebenserfahrungen sind einzigartig – kein anderer Mensch ist genauso wie Sie. Ein Programm zur Erreichung eines gesunden Körpergewichts sollte ebenfalls einzigartig sein. Sie können aus den Meditationsübungen auswählen, damit Sie das für Sie persönlich richtige Programm zusammenstellen. Es sind auch nicht so viele, daß Sie sich nicht entscheiden könnten. Darüber hinaus gilt, daß in bezug auf die einzelne Übung nichts heilig und unveränderlich ist, außer der Disziplin. Sie ist notwendig, um sich wirklich nur auf eine Sache zu konzentrieren. Und sie ist notwendig, um das Versprechen, das man sich selbst gegeben hat, zu halten: Es geht ja darum, über eine bestimmte zuvor festgelegte Zeit bei einer Übung, für die man sich entschieden hat, zu bleiben. Bei meiner Auswahl habe ich diejenigen Meditationsübungen vorgestellt, mit denen erfahrungsgemäß möglichst viele Menschen gut arbeiten können. Wenn Sie nun etwa bei der Atemzähl-Übung den Wunsch verspüren, beim Ausatmen und beim Einatmen mitzuzählen oder aber bis zehn zu zählen anstatt bis vier, dann tun Sie dies ruhig. Suchen Sie sich die Übungsform aus, die Ihnen am meisten liegt und entscheiden Sie, wie lange jede Sitzung dauern soll, wie viele Wochen der nächste Arbeitsabschnitt umfassen soll und verfahren Sie dann entsprechend. Am Ende dieser Zeit überprüfen Sie alles. Wenn Sie möchten, experimentieren Sie vielleicht noch einmal ein wenig. Und dann machen Sie sich an den nächsten Arbeitsabschnitt!

Wie wichtig dies ist, haben wir in langjähriger Erfahrung mit Meditation festgestellt. Es gibt nicht „die" richtige Art zu meditieren, die sich auf jeden Menschen anwenden läßt. Jeder Mensch muß seine eigene Form des Meditierens finden. Einer der Gründe dafür, daß es beim Meditieren so viele „Fehlschläge" gibt, besteht darin, daß die meisten Schulen der Meditation und ein Großteil der Meditationslehrer der Ansicht sind, es gebe eine einzige, für jeden richtige Art zu meditieren. Merkwürdig nur, daß es immer eine Meditationsform ist, die sie von ihrem Lehrer und der Schule, der sie angehören, gelernt haben. Es mag sein, daß diese Methode für sie tatsächlich am besten ist. Aber sie ist nicht für jeden anderen Menschen richtig, und daher kann es geschehen, daß andere mit der Methode nicht gut zurechtkommen und dann das Meditieren wieder bleiben lassen. Viele meinen dann, sie hätten es ja probiert, aber es würde ihnen nichts bringen. Im allgemeinen versuchen sie es nicht ein weiteres Mal mit einer anderen Methode.

Grundlegend für alle Methoden ist jedoch: das konstante Streben nach dem „Einen Punkt", nach „reiner Aufmerksamkeit" (in manchen Schulen wird dies auch „kohärente Aufmerksamkeit" genannt), das heißt nach einer Disziplinierung des Geistes, der ausschließlich auf eine Sache konzentriert sein soll; die Verpflichtung auf das Versprechen, das man sich selbst gegeben hat; zu lernen, sich selbst liebevoll zu behandeln, dabei jedoch auch das beste von sich zu verlangen. Sieht man von diesen Aspekten ab, so ist es Ihnen überlassen, welche spezifische Form Sie einer Meditation geben und ob Sie sich zum Meditieren in einen Stuhl mit Armlehnen setzen, den Lotussitz einnehmen, sich bequem flach auf den Boden legen, sich an den Boden kauern wie ein Schamane, an einem friedlichen Ort spazierengehen oder was Sie sonst noch tun mögen. Sie sollten darüber entscheiden, ob es das beste für Sie ist, ein- oder zweimal pro Tag, vier-, fünf-, sechs- oder siebenmal pro Woche und insgesamt vier, fünf, sechs, sieben oder acht Wochen lang zu üben und sich dann darauf zu verpflichten.

Wenn Sie mit Ihrem Programm weiter gekommen sind, entschließen Sie sich vielleicht eines Tages, nicht mehr nur zur Erreichung eines gesunden Körpergewichts, sondern für Ihre bestmögliche allgemeine Entwicklung zu meditieren. Dann finden Sie vielleicht heraus, daß eine bestimmte Meditationsform für Sie am besten ist oder aber Sie mögen mehrere Formen in spezifischer Weise miteinander verknüpfen. So gibt es zum Beispiel Wege der körperlichen Meditation wie Hatha-Yoga, die Aufmerksamkeit der Sinne (Gindler-Methode), Tai Chi oder die Alexander-Technik. Daneben gibt es Meditationsformen, die vor allem mit den Emotionen arbeiten, wie zum Beispiel Bhakti-Yoga oder auch Übungen, die in westlichen religiösen Schulen entwickelt wurden. Es gibt Formen der Meditationsarbeit, die den intellektuellen Aspekt betonen, so zum Beispiel Jnana-Yoga, die Gurdjieff-Methode, den Chabad-Chassidismus und andere. Es gibt Meditationswege, bei denen es darauf ankommt, während der Meditationsarbeit eine bestimmte Geisteshaltung einzunehmen wie etwa das Karma-Yoga, den „Kleinen Weg" der heiligen Thérèse von Lisieux, den Weg des Handelns und andere. Jeder Mensch, der meditieren will, um sich allgemein und über längere Zeit hinweg weiterzuentwickeln, sollte sich die verschiedenen Formen ansehen und sich dann diejenige Form – oder eine Kombination aus mehreren Formen – auswählen, die für ihn oder sie als Indivuduum am besten geeignet ist.

Welchen Weg Sie sich auch immer aussuchen – mit seiner Hilfe innerlich zu wachsen und das zu erreichen, was innerhalb Ihres Potentials liegt, erfordert leider langes und hartes Arbeiten. Es gibt keinen einfachen Weg. Veränderung und inneres Wachstum sind etwas sehr Schwieriges. Sie erfordern ernsthafte und konsequente Anstrengung.

Das mag übertrieben klingen, aber jeder, der schon einmal ernsthaft versucht hat, sich über eine bestimmte Art zu sein hinauszuentwickeln, wird bestätigen, daß diese Aussage zutrifft. Wenn wir auf ein gesundes Körpergewicht hinarbeiten wollen, müssen wir nicht nur der Meditationsarbeit eine individuelle Form verleihen, sondern auch den anderen Bereichen unserer Arbeit. Lassen Sie uns auf einige dieser Bereiche einen genaueren Blick werfen.

Im ersten Kapitel habe ich über die Notwendigkeit gesprochen, eine Diät auszuwählen, die zu Ihnen paßt und die nicht einfach die Diät ist, die gerade in Mode ist. Suchen Sie sich einen Ernährungsberater, wenn Sie möchten, aber achten Sie darauf, daß er Ihnen keine Diät empfiehlt, bevor er nicht mit Ihnen über Ihre bisherigen Eßgewohnheiten gesprochen hat. Er muß mit Ihnen erst einmal herausfinden, welche Nahrungsmittel Ihnen Energie verleihen, ohne daß Sie danach „abstürzen", nach welchen Nahrungsmitteln Sie süchtig sind, so daß Sie immer mehr und mehr davon essen, nachdem Sie einmal damit angefangen haben, bis Sie sich vollgestopft, aber immer noch nicht zufrieden fühlen usw. Er sollte mit Ihnen herausfinden, welche Eßgewohnheiten sich für Sie am besten eignen: Sind Sie jemand, der drei Mahlzeiten am Tag braucht oder eher zwei oder vier, oder sind Sie eher jemand, der über den gesamten Tag verteilt immer wieder kleine Snacks zu sich nimmt? Ich habe einmal eine Freundin, die schwer herzkrank war, zu einer Ernährungsberaterin geschickt. Diese Freundin gehörte zu denjenigen Menschen, die zu Beginn des Tages müde und unkonzentriert sind. Sie arbeitete zu Hause. Morgens schaffte sie es gerade, die Kaffeemaschine mit dem am Abend zuvor vorbereiteten Kaffee einzuschalten und auf wackligen Füßen davor stehenzubleiben und zu warten, bis der Kaffee fertig war. Dann ging sie in ihr Büro am anderen Ende des Wohnung, um den ersten Termin mit einem Klienten wahrzunehmen. Da sie unbedingt abnehmen wollte, wäre sie notfalls auch in der Lage gewesen, etwas Saft oder Obst aus dem Kühlschrank zu nehmen. Sie hätte sich sogar dazu zwingen können, sich ein Toastbrot zu machen oder Getreideflocken mit Flüssigkeit anzurühren. Die Ernährungsberaterin verschrieb ihr eine Diät, die sehr gut auf ihre Erkrankung abgestimmt war, die jedoch erforderte, daß sie jeden Morgen diverse frische Zutaten für ihr Frühstück zuschnitt und mahlte. Ein solche Diät war für sie jedoch vollkommen daneben. Vermutlich war sie zwar theoretisch genau richtig für ihre Erkrankung, aber die Ernährungsberaterin hatte vergessen, daß sie nicht eine Erkrankung zu behandeln hatte, sondern einen ganz bestimmten Menschen, der an dieser Erkrankung litt. Dies mag ein Extrembeispiel sein, aber die Mehrzahl der Diäten funktioniert nicht, weil sie für eine möglichst große Zahl von Menschen anwendbar sein soll. Tatsächlich aber gibt es nicht „die Menschen", sondern jeder Mensch ist ein besonderer.

Natürlich gibt es allgemeine Regeln für das Diäthalten, etwa was die Anzahl der Kalorien, den Cholesteringehalt der Nahrung angeht. Dies alles ist sehr wichtig, und eine Ernährungsberatung kann hier wirklich helfen. Unter Umständen können Sie sich aber auch selbst die notwendigen Kenntnisse anlesen (lesen Sie ernsthafte Bücher und vergessen Sie Diäten, die von Zeitschriften empfohlen werden und ähnliche Dinge). Das Wichtigste ist jedoch, die Diätvorschriften am Maßstab Ihrer eigenen Erfahrung zu messen, diejenigen Dinge auszuprobieren, die Ihnen sinnvoll erscheinen und zu sehen, wie sie funktionieren. In einer alten Schrift, dem „Kalama Sutra", die dem Buddha zugeschrieben wird, finden sich folgende Sätze:

Glaube nicht an die Kraft der alten Gebräuche, selbst wenn sie über viele Generationen hinweg und an vielen Orten eingehalten werden; glaube nichts einfach deswegen, weil viele Leute es sagen; glaube nicht an die Kraft von Sagen aus alter Zeit; glaube nicht an das, von dem du selber denkst, daß ein Gott es dir eingegeben hat. Glaube nichts, das an die Autorität der Meister oder der Priester gebunden ist. Glaube nach genauer Nachforschung an das, was du selber erprobt hast und das gut für dich und für andere ist.

An diese Grundregeln kann man sich halten, wenn man ein Programm zusammenstellt, das der eigenen Gesundheit und Weiterentwicklung sowie der Erreichung eines gesunden Körpergewichts dienen soll.

Wenn zu Ihrer Diät auch Vitamin- und Mineralzusätze gehören (was gut möglich ist), dann entscheiden Sie auch hier selbst darüber, welche Präparate Sie in welcher Menge und wie häufig einnehmen, gemessen daran, wer Sie sind, nicht an den allgemeinen Empfehlungen, wie man sie in Illustrierten oder sogar in den medizinischen Fachzeitschriften liest. Das klingt zwar einleuchtend, aber es wird meist außer acht gelassen. Nehmen wir an, ich wäre knapp 1,90 Meter groß und würde zu Beginn des Programms 147 Kilo wiegen, und Sie wären 1,54 Meter groß und 80 Kilo schwer. Es dürfte klar sein, daß die Menge an Vitamin C, die gut für Sie wäre, nicht auch gut für mich wäre. Wenn ich noch dazu Raucher wäre und in einer Stadt mit großer Luftverschmutzung leben würde, Sie aber würden auf dem Land leben und vielleicht die Pille nehmen, dann wären dies wichtige Faktoren, die bei unserem monatlichen Einkauf im Drogeriemarkt eine Rolle spielen würden. Dennoch ignorieren die meisten solche Faktoren und nehmen die Vitaminzusätze gemäß den Angaben auf der Verpackung oder aufgrund von Empfehlungen anderer Menschen ein. Sie nehmen „Standarddosierungen" ein, ohne zu überlegen, was das eigentlich bedeutet und wer entscheidet, welche Dosierung für welche Menschen „Standard" ist. Die „Standards" werden oft aus Gründen festgesetzt, die mit Ihrer persönlichen Gesundheit wenig zu tun haben. Vor einigen Jahren wurde eine Studie mit zahlreichen Ärzten durchgeführt. Sie bekamen im Abstand von einigen Wochen zwei Fragebögen zugesandt. Im ersten Fragebogen wurde nach einer Vielzahl persönlicher Daten gefragt, unter anderem auch nach dem Körpergewicht. Im zweiten Fragebogen wurden die Ärzte um professionelle Stellungnahmen gebeten. Sie waren unter anderem aufgefordert zu definieren, was „Fettleibigkeit" sei. Nahezu alle Ärzte ließen Fettleibigkeit mit ein paar Pfund Gewicht mehr beginnen als sie selbst wogen.

Verschiedene Nahrungszusätze können eine sinnvolle Ergänzung Ihrer Diät sein. Welche Zusatzpräparate Sie einnehmen, sollten Sie jedoch gemeinsam mit jemandem entscheiden, der etwas davon versteht. Sie können auch ein gutes Buch zu diesem Thema zu Rate ziehen. In jedem Fall sollten Sie selbst und Ihre Lebensweise die Grundlage Ihrer Überlegungen bilden, nicht irgendwelche Dinge, die in diversen Werbeanzeigen eine Rolle spielen. Denken Sie bei der Einnahme von Nahrungszusätzen auch daran, daß „mehr" nicht unbedingt gleichbedeutend mit „besser" ist. Eine bestimmte Dosis Vitamin A, die Sie täglich einnehmen, kann Ihnen zum Beispiel sehr guttun und Ihnen in mehrfacher Hinsicht helfen. Zuviel davon kann Sie ins Krankenhaus bringen.

Die Bedeutung der je individuellen Verfassung kann nicht überschätzt werden. Der Psychiater Herbert Spiegel versucht seine Medizinerkollegen seit vielen Jahren davon zu überzeugen, daß verschiedene Patienten verschiedene Formen psychotherapeutischer Hilfe benötigen, daß sie in verschiedener Weise auf so belastende Dinge wie zum Beispiel eine Operation vorbereitet werden müssen und daß ihnen bei Trauer, Allergien oder was auch immer auf verschiedene Weise geholfen werden muß. Die von ihm gesammelten Daten sind eindeutig, seine Schreibweise genügt wissenschaftlichen Standards und ist verständlich, und er hat seine Meinung sowohl in den wichtigsten medizinischen Fachzeitschriften als auch in seinen Büchern geäußert. Die moderne Vorstellung, daß das, was dem einen guttut, für den anderen nicht schlecht sein kann, ist jedoch so vorherrschend, daß er wenig Erfolg hatte. Psychotherapeuten glauben (ähnlich wie die bereits erwähnten Meditationslehrer) nahezu alle, daß eine richtige psychotherapeutische Methode auf alle Menschen anwendbar ist, und zwar diejenige, die sie bei ihrem Lehrer gelernt haben. Sowohl die Bemühungen Spiegels als auch diejenigen von seiten der Patienten bleiben in der Regel erfolglos. Die meisten Menschen schätzen es, wenn die Dinge einfach und überschaubar sind. Es ist viel einfacher zu glauben, daß es einen richtigen Weg gibt (ganz gleich ob in der Psychotherapie, der Meditation oder sonstwo), als sich mit der komplexen Annahme auseinanderzusetzen, daß jeder Mensch anders ist und darüber nachzudenken, welche konkreten Folgen dies hat.

Sportliches Training und körperliche Bewegung als Teile Ihres Programms sollten Sie ebenfalls nach Ihren persönlichen Bedürfnissen aussuchen, und nicht nach den jeweiligen Bestsellern. Wenn Sie Ihrem Programm für ein gesundes Körpergewicht ein körperliches Trainingsprogramm hinzufügen wollen oder Ihr bisheriges Training gegen ein anderes austauschen mögen, dann sehen Sie sich um: Was spricht Sie an? Suchen Sie sich eine Art von Bewegung aus, die Ihnen Spaß macht und bei der Sie sich nach dem Training gut fühlen. Es ist durchaus vorstellbar, daß diejenige Sportart, die gerade am meisten in Mode ist, die beste für Sie ist. Wenn es so ist, dann bleiben Sie dabei. Erwarten Sie jedoch nicht, daß es so sein wird. Falls es so ist, ist es reiner Zufall. Es gibt ein breites Spektrum an Sportarten. Beziehen Sie bei der Auswahl folgende Gesichtspunkte mit ein: Ihren allgemeinen Gesundheitszustand, mögliche Erkrankungen, Ihren Trainingszustand, Ihr Alter und das, was Ihr Arzt als Ihre Grenzen betrachtet. Die Bandbreite an Sportarten oder an Kombinationen verschiedener Sportarten (es gibt, abgesehen von einem weitverbreiteten Vorurteil, keinen Grund dafür, daß Ihr Trainingsprogramm aus lediglich einer Sportart bestehen sollte) ist beträchtlich. Es kann gut sein, daß Sie drei oder vier verschiedene Bewegungsarten kombinieren möchten, um aus ihnen Ihr spezifisches Programm zusammenzustellen: zweimal wöchentlich Squaredance, zweimal wöchentlich eine Runde Schwimmen und sonntags ein langer Spaziergang bilden zum Beispiel ein ebenso sinnvolles Bewegungsprogramm wie an drei oder vier Vormittagen in der Woche eine bestimmte Anzahl von Kilometern zu laufen. Vielleicht finden Sie auch heraus, daß es Ihnen momentan am meisten liegt, fünfmal in der Woche an einem Rudergerät zu trainieren und dabei Ihre Lieblingssendung im Fernsehen anzuschauen. In Ordnung. Vielleicht ist in fünf Monaten alles anders, und Sie möchten dann lieber dreimal in der Woche Handball spielen und mittwochs und samstags ausgiebig schwimmen gehen. Suchen Sie sich ein Programm, bleiben Sie über einen gewissen Zeitraum dabei, und überlegen Sie dann von neuem. Vielleicht möchten Sie auch weiterhin bei diesem Programm bleiben, vielleicht möchten Sie auch etwas ändern. Wichtig ist, daß Sie darauf achten, wer Sie jeweils zu einer bestimmten Zeit Ihres Lebens sind und was Sie brauchen.

Dies alles gilt auch, falls Sie sich überlegen, sich einer Selbsthilfegruppe anzuschließen oder eine Einzel- oder eine Gruppentherapie zu machen. Wählen Sie die Gruppe und/oder den Therapeuten sorgfältig und gemäß Ihren Bedürfnissen aus, nicht gemäß dem, was an Ihrem Wohnort „in" ist oder was die Illustrierten und Fachzeitschriften gerade empfehlen.

Im sechzehnten Jahrhundert schrieb der Weise Isaac Luria:

„Es gibt sechshunderttausend Arten von Individuen. Jeder Typus hat eine andere Seelenwurzel und benötigt eine andere Art von Nahrung, um sein oder ihr bestmögliches Wachstum zu erreichen. Es ist die Aufgabe jedes einzelnen Menschen herauszufinden, welcher der sechshunderttausend Arten er oder sie angehört und auf diese Weise herauszufinden, welche spezifische Nahrung man benötigt, um zu seiner vollen Existenz zu gelangen."

Ich weiß nicht, wie Isaac Luria auf die Zahl von ausgerechnet sechshunderttausend kam. Ich persönlich würde eher sagen, daß es so viele Arten von Individuen gibt, wie es einzelne Menschen gibt. Lassen Sie uns also jeder für sich versuchen, die besondere Art von Nahrung zu finden, die wir für unser volles Wachstum benötigen. Und lassen Sie uns dessen bewußt sein, daß diese Nahrung für jeden von uns verschieden aussehen wird.

■

Gestatten Sie mir zu diesem Thema noch eine letzte Bemerkung. Ich habe wiederholt betont, daß es keinen Weg gibt, der für jeden der richtige ist. Das gilt auch für die Meditation. Für einige Menschen ist sie eine exzellente Methode, um Probleme zu lösen, für die große Mehrheit der Menschen ist sie eine gute Methode und für einige andere Menschen ist sie irrelevant. Wenn Sie nach ernsthafter Arbeit über acht bis sechzehn Wochen herausfinden, daß Meditation nichts für Sie ist, dann sollten Sie sich deswegen nicht selbst kritisieren oder gar attackieren (dies würde Ihr Gewichtsproblem nur noch verschlimmern). Sie haben sich zumindest auf eine geistige Abenteuerreise begeben und einiges über sich selbst dazugelernt. Sie werden von dieser Erfahrung profitieren, auch wenn Meditation nicht der richtige Weg zur Lösung Ihrer Gewichtsprobleme sein sollte.

Es gibt eine Vielzahl von Faktoren in Ihrer genetischen Veranlagung und Ihrer Lebenserfahrung, die dazu führen, daß Sie der Kategorie „exzellent", „gut" oder „irrelevant" angehören. Sollten Sie nach ernsthafter Arbeit herausfinden, daß Meditation nichts für Sie ist, dann wäre es angebracht, sich mit den übrigen

Wegen zu befassen, die es zur Lösung Ihres Problems gibt: Psychotherapie (wobei Sie wahrscheinlich einige Zeit nach dem für Sie am besten geeigneten Therapeuten suchen müssen), Therapien zum Aufbau Ihres Selbstwertgefühls und Selbsthilfegruppen zur Verbesserung Ihres persönlichen ökologischen Gleichgewichts. Welches dieser Abenteuer auch immer für Sie im Zuge Ihres jeweiligen Entwicklungsstandes das beste sein mag – ich wünsche Ihnen viel Glück dabei!

■

Elizabeth war sechsundvierzig Jahre alt, und sie war sich über ihr Leben ebensosehr im unklaren wie ein dreizehnjähriger Teenager, vielleicht sogar noch mehr. Sie hatte mit achtzehn einen Mann geheiratet, der fast doppelt so alt war wie sie und der sie, wie sie bald merkte, eher als Teil seines Besitzes betrachtete denn als Partnerin. Je länger sie mit ihm zusammenlebte, desto mehr fürchtete sie sich. Sie kam jedoch nicht im mindesten auf die Idee, daß sie an dieser Situation vielleicht etwas ändern könnte; statt dessen bekam sie sechs Kinder, die zu Leibeigenen ihres Ehemannes wurden. Er mißhandelte weder sie noch die Kinder jemals körperlich, aber er schien eine enorme Macht über seine Familie und über andere zu besitzen. Mit Hilfe seiner aggressiven Überzeugungskraft hatte er es zum Großunternehmer gebracht. Und Elizabeth meinte, sie könne sich glücklich schätzen, über ein Anwesen, ein Auto und schöne Kleider zu verfügen. Der einzige Makel bestand darin, daß sie, als ihre Kinder nahezu alle erwachsen waren, die schockierende Erkenntnis hatte, daß sie niemals gelebt und keinerlei Persönlichkeit entwickelt hatte. Sie gewann diese Erkenntnis an ihrem vierzigsten Geburtstag. In jedem der darauffolgenden Jahre nahm sie etwa zehn Pfund zu. Mit sechsundvierzig erlitt sie einen Herzanfall und entdeckte zu ihrem größten Erstaunen, daß sie leben wollte.

In einer Spezialklinik schaffte sie es, fünfzig Pfund abzunehmen. Ihr wurde klar, daß sie den Gedanken haßte, wieder nach Hause zurückzukehren. Ihr Ehemann war von ihrem veränderten Aussehen angetan und empfing sie bei ihrer Rückkehr mit einer Liste anstehender sozialer Verpflichtungen, unter anderem auch dem Ausrichten einer Dinnerparty für vierzig seiner engsten Geschäftspartner.

Elizabeth hatte prompt einen Nervenzusammenbruch, wurde in eine Klinik eingewiesen und traf dort einen Psychiater, der ihr sagte: „Sie können Ihre Probleme nicht lösen, indem Sie abnehmen; das Wichtigste ist, daß Sie sich darüber klarwerden, ob Sie ein wirklicher Mensch sind."

Sie begann in der Klinik mit einem Meditationsprogramm. Jeden Morgen führte sie zwanzig Minuten lang die Atemzähl-Meditation durch, und bei jeweils einer Mahlzeit pro Tag machte sie die „Ein-Punkt"-Übung. Sie suchte sich darüber hinaus ein Mantra aus – den Satz „Ich bin für mein Leben verantwortlich". Die Mantra-Übung führte sie jeden Vormittag und Nachmittag jeweils zwanzig Minuten lang durch. Vormittags machte sie die Übung im stillen, während sie im Aufenthaltsraum saß. Nachmittags sprach sie sich das Mantra halblaut vor, während sie auf dem Klinikgelände spazierenging. Während der ersten Wochen schien es ihr nicht zu gelingen, das Programm konsequent jeden Tag durchzuführen. Immer wieder „vergaß" sie das Üben, oder „es kam etwas dazwischen, als ich gerade angefangen hatte". Dann wurde ihr nach und nach klar, daß sie sich an den Tagen, an denen sie die Übungen durchführte, besser fühlte, gefestigter und stärker in sich ruhend, als an den Tagen, an denen sie die Übungen ausließ. Schrittweise wurde sie immer konsequenter, und schließlich führte sie die Übungen sehr diszipliniert durch. Nach drei Monaten ließ sie sie keinen einzigen Tag mehr aus.

Sie berichtete ihrem Therapeuten, daß während ihres gesamten Lebens andere Dinge für sie erledigt oder ihr Dinge angetan hatten. Die gelte auch für ihre Einweisung in die Klinik und bis zu einem gewissen Grad auch für die Psychotherapie. Sie hatte den Eindruck, daß das Meditationsprogramm die erste ernsthafte Sache war, die sie ganz für sich allein und nur für sich selbst getan hatte.

Um sich körperlich zu bewegen, suchte sie sich einen Kurs in tänzerischer Gymnastik aus, der in der Klinik angeboten wurde. Sie nahm an diesem Kurs dreimal wöchentlich teil, zunächst jeweils für eine halbe Stunde, die sie dann auf eine Stunde steigerte. Nach der Entlassung aus der Klinik führte sie dieses Training in einem Fitneßstudio in der Nähe ihres Hauses weiter.

Elizabeth blieb insgesamt sechs Monate in der Klinik. Kurz nach ihrer Entlassung schrieb sie sich an einer der örtlichen Hochschulen ein und ließ sich von ihrem Mann scheiden. „Ich begann abzunehmen – sehr langsam, aber kontinuierlich. Etwa um dieselbe Zeit, zu der ich meinen Abschluß in Früherziehung machte, war mir klargeworden, daß ich wirklich existierte. Was für eine Erkenntnis! Mein wahres Problem bestand nie darin, daß ich dick wurde, sondern darin, zu entdecken, daß ich Rechte habe."

7 ■ Wie es weitergeht: Ein Leben nach der Diät

Sie haben jetzt erreicht, was Sie sich vorgenommen hatten, als Sie mit der Arbeit anfingen oder kommen doch zumindest Ihrem Ziel immer näher. Sie verfügen über ein Meditationsprogramm, das Ihnen dabei hilft, auf ein gesundes Körpergewicht hinzuarbeiten. Sie haben dieses Gewicht vielleicht noch nicht ganz erreicht, aber Sie stecken mitten in diesem Abenteuer, und es läuft gut. Ihr Selbstvertrauen im allgemeinen und Ihre Fähigkeit, Ihr Gewicht zu kontrollieren im besonderen haben sich deutlich erhöht. Sie haben es geschafft, auch in Zeiten erhöhter Belastung bei Ihrem selbstgewählten Programm zu bleiben. Sie haben das sich selbst gegebene Versprechen gehalten.

Jetzt ist es Zeit für einen nächsten Schritt. Es ist ja nicht einfach „passiert", daß Sie die Kontrolle über Ihr Gewicht verloren haben. Das Leben funktioniert nicht so, auch wenn es einfacher ist, sich dies so vorzustellen. Es ist nicht so, als würden uns die Dinge einfach passieren. Wir reagieren aus der Gesamtheit unserer körperlichen, emotionalen, mentalen und spirituellen Bereiche auf die Gesamtheit dessen, was uns umgibt – von der Temperatur und dem Luftdruck bin hin zum Verhalten anderer Menschen und dem allgemeinen politischen Klima, in dem wir leben. Zwischen der Physiologie eines Menschen und seiner Philosophie gibt es keine klare Trennungslinie, wie der Philosoph William James einmal bemerkte. Wir sind alle aus einem Guß; kein Teil von uns existiert getrennt von den anderen Teilen. Selbst wenn wir Bakterien oder Viren ausgesetzt sind, wird unsere Reaktion darauf nicht nur von der Virulenz dieser Krankheitserreger bestimmt, sondern von der allgemeinen Verfassung, in der wir uns befinden (und die körperliche, mentale, emotionale und spirituelle Aspekte unserer Existenz umgreift). Nicht nur das Virus spielt eine Rolle, sondern auch das Terrain, auf dem es landet – eine Erkenntnis, die die Physiologen des späten 19. Jahrhunderts uns verzweifelt beizubringen versuchten. Wenn ich meinen Arzt frage „Wo habe ich mir das geholt?", und die Antwort erhalte „Das geht zur Zeit um", fühle ich mich zufriedengestellt. Es kommt mir nicht in den Sinn zu fragen, warum der Mann, der neben mir im Zug gesessen hat, sich nicht angesteckt hat oder warum von den Menschen, mit denen ich zusammenlebe, einer ebenfalls krank geworden ist, die anderen aber nicht. Ich frage noch nicht einmal, warum ich mich denn beim letzten Mal, als irgendeine Krankheit „umging", nicht angesteckt habe. Von Zeit zu Zeit tauchen besonders virulente Bakterien oder Viren auf, wie etwa bei den großen Grippeepidemien, die sich vor allem dann einstellen, wenn der Krankheitserreger seine Form verändert hat. Solche Erreger überwinden unsere Abwehrmechanismen und sind resistent gegen die normalerweise verwendeten Medikamente. Aber selbst wenn so etwas passiert (wie zum Beispiel bei den verschiedenen Epidemien asiatischer Grippe oder der großen Grippekatastrophe von 1918), erkrankt die große Mehrheit der Menschen nicht. Als die sogenannte „schwarze Pest" zwischen dem 12. und dem 15. Jahrhundert in Europa wütete und es schlichtweg keine sinnvollen Vorbeugungsmaßnahmen gab, steckten drei Viertel der Bevölkerung sich nicht an. Das „Terrain" war nicht dazu geeignet. Ähnlich ist es bei anstrengenden, psychisch belastenden, ernsten Ereignissen: Unsere Reaktion darauf wird nicht einfach durch das Ereignis festgelegt, sondern entsteht aus einer Synthese aus dem Ereignis und dem spezifischen „Terrain", das heißt der Gesamtheit des betroffenen Menschen.

Ein Beispiel: Vor einigen Jahren arbeitete ich in einer Kinderklinik. Im Einzugsbereich des Klinik ereignete sich ein furchtbarer Unfall: Zweihundert Kinder spielten auf einem Schulhof. Ein neunjähriges Mädchen lief auf die Straße, um einen Ball zu holen. Sie rief den Kindern auf dem Schulhof etwas zu, alle sahen zu ihr hin. Das geschah genau in dem Moment, als sie erneut über die Straße lief und von einem Lastwagen überfahren und getötet wurde. Drei Wochen später kam eines der Kinder, die auf dem Schulhof gewesen waren, zur Behandlung in die Klinik. Das Mädchen hatte seit dem Vorfall nicht mehr schlafen können, hatte sich nach dem Essen häufig übergeben müssen und litt unter häufigen Angstattacken. Jeder von uns wußte genau, was diese Symptome ausgelöst hatte, und wir waren auf eine entsprechende Behandlung vorbereitet. Dann stellte Dr. Joseph Weinreb, der Leiter der Klinik, bei einer Besprechung die Frage, wie viele Kinder den Unfall mit angesehen hätten. Wir antworteten „zweihundert", und er fragte: „Wo sind dann die übrigen einhundertneunundneunzig?" Plötzlich wurde uns klar, daß eine spezifische Kombination aus traumatischem Ereignis und Terrain in diesem einen Kind zu den Symptomen geführt hatte, unter denen es jetzt litt. Wir erkannten, daß unsere Behandlung auf einen einzigartigen und individuellen Menschen zugeschnitten sein mußte, der einen schweren Schock erlitten hatte; ein allgemeiner Therapieansatz für Kinder, die einen schweren Schock erlitten haben, würde uns nicht weiterhelfen.

Zusammenfassend läßt sich sagen, daß jeder von uns nicht in Form separater Teile existiert, sondern ein ganzheitliches menschliches Wesen ist, das empfindet, denkt, verzweifelt oder begeistert ist, krank wird oder gesund bleibt, über- oder untergewichtig ist, sich in der Welt wohl oder unwohl fühlt, der Zukunft furchtsam oder hoffnungsvoll entgegenblickt, es als schwierig oder sehr schwierig empfindet, sich zu verändern usw.

Jetzt, wo Sie sich nicht mehr ständig um Ihr Gewicht sorgen müssen, wird es Zeit, daß Sie sich dem Rest Ihres Lebens zuwenden. Wieviel Lebensfreude, Begeisterung und Spaß haben Sie in Ihrem täglichen Leben? Ihr Körper nimmt jetzt langsam die Form an, in der Sie ihn haben möchten. Gilt das auch für Ihr Leben? Wie können Sie all die Energie, die Sie zur Lösung Ihres Gewichtsproblems aufgewendet haben, dazu verwenden, Ihr Leben aufzuwerten und es so lebenswert und von Freude erfüllt wie möglich zu gestalten?

Wir sind beim nächsten Stadium des Programms angelangt, mit dem Sie begonnen haben, als Sie dieses Buch zum ersten Mal gelesen und sich entschieden haben, es mit Meditation zu probieren. Jetzt, wo Sie Ihr lästiges und schmerzhaftes Gewichtsproblem effektiv angehen, ist es Zeit, weiterzumachen und auch den Rest Ihres Lebens zu verbessern. Es gibt einen realen und guten Grund dafür, dies in einem Buch zu behandeln, in dem es eigentlich um das gesunde Körpergewicht geht. Wenn Sie Ihr persönliches ökologisches System so verändern möchten, daß die Kombinationen von Faktoren, die für Ihr Gewichtsproblem verantwortlich waren, zukünftig nicht mehr zu demselben unerfreulichen Ergebnis führen, dann werden Sie auch andere Aspekte Ihres Lebens verändern müssen. Wenn Sie dies nicht tun, ist Ihr Triumph in puncto Körpergewicht wahrscheinlich nur von kurzer Dauer. Es ist kein Zufall, daß viele Menschen nach einer erfolgreichen Diät, an der sie hart gearbeitet haben, ihr altes Gewicht wiedererlangen oder erneut magersüchtig werden. Sie haben versäumt, das nächste Stadium anzugehen: Es geht darum, daß die Kräfte, die in der Vergangenheit die Gewichtsprobleme bedingt hatten, nicht noch einmal wirksam werden.

Man kann sein Leben auf zwei verschiedene Arten verändern. Davon zu unterscheiden sind die Techniken, die viele Menschen bei Problemen anwenden: Es sind Strategien, die man schon recht früh im Leben lernt: „Wenn du wütend bist, zähle bis zehn, bevor du etwas sagst." Wenn wir frustriert sind und den Kopf hängen lassen, lernen wir etwa, tief zu atmen oder ein Mantra zu sprechen. Oder wir gehen einmal um den Block. Es gibt eine ganze Reihe solcher Techniken, die in Momenten der Frustration und/oder Wut sehr hilfreich sein können. Sie wirken jedoch nur auf eine augenblickliche Anspannung, die uns dazu bringen könnte, innerlich oder äußerlich zu explodieren. Sie sind nicht dazu geeignet zu verhindern, daß ärgerliche oder frustrierende Situationen in Zukunft wieder auftreten. Sie verändern nichts. Wenn wir ernsthaft mehr verändern wollen als unsere momentanen Gefühle, müssen wir eine von zwei grundlegenden Methoden anwenden. Die erste Methode besteht darin, daß man sich einem spezifischen Problem zuwendet, seine Gründe analysiert, seine Ursprünge erforscht und das Problem so als einen wirklichen Teil seiner selbst angeht, nicht einfach als etwas, das einem „passiert". Wenn wir dies tun, betrachten wir ein Problem aus der Perspektive unserer Reaktion, finden heraus, wann wir zum ersten Mal in dieser Weise reagiert haben, wie wir uns selbst und die Welt seinerzeit sahen usw. Wir versuchen, den Sinn zu erkennen, den unser Handeln in der damaligen Situation hatte und prüfen nach, ob dieses Handeln uns aus unserer heutigen Sicht der Welt und unserer selbst immer noch sinnvoll erscheint. Dies ist die traditionelle Vorgehensweise der Psychotherapie. Und dies ist ein großer Fortschritt, um sich selbst zu verstehen und um menschliches Leiden zu lindern. Diese Vorgehensweise ist zur Lösung mancher Probleme absolut notwendig.

Sie wurde zu Beginn des Jahrhunderts von Sigmund Freud entwickelt. Er entwarf darüber hinaus eine bestimmte Art und Weise, in der diese Methode angewendet werden sollte. Sie ist heute eher von historischem Interesse. Wir erweisen den Gebrüdern Wright unseren gebührenden Respekt dafür, daß sie etwa um dieselbe Zeit, zu der Freud die Psychotherapie erfand, das Flugzeug erfunden haben, aber wir würden heute keines ihrer Flugzeuge mehr besteigen, um an einen anderen Ort zu gelangen. Wir haben in puncto Fliegen seither eine Menge dazugelernt. Darüber hinaus dürfen wir angesichts dessen, was wir über ihren weitreichenden und vorausblickenden Geist wissen, getrost annehmen, daß Wilbur und Orville Wright das Land heutzutage lieber in einer Boeing 747 überqueren würden als in einem ihrer primitiven Flugzeuge, und daß Freud, würde er heute leben, für sich selbst oder einen Patienten eine sehr viel modernere Form der Psychotherapie auswählen würde.

Allerdings sind Freuds grundlegende Ideen auch heute noch Bestandteil vieler moderner Methoden und Formen psychotherapeutischer Arbeit. Freud war Arzt, bevor er zum Psychiater wurde, und als er die Psychotherapie entwarf, tat er dies anhand eines medizinischen Modells. Dieses Modell umfaßt drei Fragen, die der Arzt oder die Ärztin sich selbst stellt, wenn ein Patient das Sprechzimmer betrit. Die erste Frage lautet: „Warum ist dieser Mensch hier – welche Symptome haben ihn zu mir geführt?" Die zweite lautet: „Wo liegt der Grund für diese Symptome verborgen – handelt es sich um eine bakterielle Infektion, um eine Verletzung, eine Zyste, einen Vitaminmangel usw.?" Die dritte Frage lautet: „Was können wir dagegen tun?" Ähnliche Fragen stellt sich ein Psychotherapeut, wenn jemand in seine Praxis kommt: „Was stimmt nicht, was sind die Symptome, die diesen Menschen zu mir führen? Wo liegt der verborgene Grund? Was können wir dagegen tun?"

Diese drei Fragen sind so fest in die Grundstrukturen der Psychotherapie eingebaut, daß eine andere Basis schwer vorstellbar scheint. Diese Methode hat uns gute Dienste bei der Linderung menschlichen Leidens und Schmerzes geleistet. Sie auf die Psychotherapie anzuwenden, war eine der großen epochemachenden Ideen Freuds. Bei der Behandlung einiger bestimmter Probleme ist diese Methode absolut notwendig. Oft verändert sich dann wirklich etwas. Das ist – wie jede wirkliche Veränderung – nicht leicht, aber möglich, wenn Sie genügend Ernsthaftigkeit und Mut mitbringen. Moderne Zugangsweisen jedoch, besonders innerhalb der sogenannten „ganzheitlichen Medizin" (siehe dazu das achte Kapitel), halten noch eine zweite Option bereit. Diese zweite Methode ist es, die ich Ihnen in diesem Buch vorstelle. Dieser Ansatz basiert nicht auf den drei Fragen der klassischen Psychotherapie und Medizin. Dieser Ansatz stützt sich auf zwei andere Fragen. Diese lauten: „Welche Art zu leben, dazusein, zu anderen in eine Beziehung zu treten und etwas zu schaffen ist für diesen Menschen ‚richtig', so daß er morgens gern aufsteht und Freude und Begeisterung für das Leben empfindet, so daß er Müdigkeit im wesentlichen als ‚gesunde' Müdigkeit empfindet und nicht als ungesunde auszehrende Erschöpfung?" Die zweite Frage lautet: „Was können wir für diese Art von Lebensweise tun? Wie können wir aus der gegenwärtigen Situation und Wirklichkeit dieses Menschen heraus sein Leben so aufwerten, daß er dem näherkommt, was er wirklich will und wozu er auf der Welt ist?"

Ein Mensch, der diese Methode verwendet, versucht seine gesamte Ökologie zu verändern, indem er seinem Leben eine positive Richtung gibt, selbst dann, wenn er glaubt, ein besseres Leben gar nicht „verdient" zu haben. Weiter oben habe ich die Äußerung Pascals zitiert: Was soll man tun, wenn man seinen Glauben verloren hat? Hier wenden wir diese Idee in einem anderen Bereich an: Wenn Sie sich selbst so behandeln, als wären Sie es wert, gut behandelt zu werden, werden sich das Wissen und der Glaube daran, daß Sie es tatsächlich wert sind, wahrscheinlich von selbst einstellen. Unsere Gefühle können wir nicht kontrollieren; wir sind auch nicht für sie verantwortlich. Was wir jedoch kontrollieren können, sind unsere Handlungen. Wir können die Verantwortung dafür übernehmen, wie wir uns selbst behandeln. Wenn wir uns diesen Ansatz zu eigen machen, sehen wir uns unser Leben an und treffen die bewußte Entscheidung, es zu verbessern.

■

Auf den ersten Blick kommt Ihnen dies vielleicht selbstsüchtig und narzißtisch vor. Es erinnert an die sogenannte „Me-too-Generation" der siebziger Jahre. Tatsächlich trifft jedoch das Gegenteil zu. Je gründlicher wir in uns hineinsehen und herauszufinden versuchen, was wir wirklich wollen, desto deutlicher wird uns, daß wir soziale Wesen sind und gute Beziehungen zu anderen Menschen nicht nur wollen, sondern auch brauchen. Je gesünder wir sind, desto näher sind wir unserem eigentlichen Wesen, desto klarer ist uns bewußt, daß zu unserem Wesen gute Beziehungen zu anderen gehören, in denen wir positive Gefühle ausdrücken und empfangen. Es ist egal, ob man diese Erfahrung aus der Kindheit erklärt, in dem man von der Zuwendung anderer abhängig ist, oder ob man ein instinktives Bedürfnis nach Geselligkeit annimmt: Man wird immer zu dem Ergebnis gelangen, daß wir wirkliche Menschlichkeit, wahre Freude und echte Lust am Leben nur durch gute, liebevolle Beziehungen zu anderen Menschen erreichen. Wenn es uns nicht gelingt, solche Beziehungen aufrechtzuerhalten, probieren wir es häufig mit anderen Mitteln, etwa indem wir dafür sorgen, daß andere sich vor uns fürchten oder uns Zeichen ihrer Anerkennung in Form von Orden oder sonstigen Ehrenbezeugungen zukommen lassen. Die

Macbeths dieser Welt haben jedoch längst herausgefunden, daß diese Methoden in der Regel alles andere als zufriedenstellend sind.

■

Zum Konzept ganzheitlicher Gesundheit gehört, daß ein als gesund geltender Mensch sich um mehr Dinge sorgt als nur um sein eigenes Wohlergehen und das seiner Familie. Sein Verhalten zeigt, daß er einem größeren Teil der Menschheit verbunden ist und nicht nur mit den Menschen, mit denen er zusammenlebt. Das Wichtige dabei jedoch ist, daß wir zuerst in uns hineinsehen und herausfinden, wer wir sind, und dann erst wird uns deutlich, wie dieses „Selbst" sich im Sinne einer größeren Gemeinschaft am besten ausdrücken kann. Wir kümmern uns nicht in erster Linie um andere, um unser eigenes Selbst zu schützen; besser ist es, wenn wir erst uns selbst ergründen und dabei herausfinden, daß wir ein soziales Wesen sind, das gute Beziehungen zu anderen benötigt, um sich selbst auszudrücken und weiterzuentwickeln. Einige meiner ehemaligen Patienten arbeiten an einem oder zwei Abenden in der Woche in Friedens- oder Umweltinitiativen, bringen anderen auf ehrenamtlicher Basis das Lesen und Schreiben bei oder tun sonst irgend etwas in dieser Art. Jede dieser Personen hat zunächst in sich selbst nach dem gesucht, das nach Ausdruck verlangte, und dann die entsprechenden Aktivitäten aus gesunden selbstsüchtigen Motiven heraus aufgenommen!

■

Nachdem nun klar sein dürfte, daß es mir nicht um ein „Jeder für sich und alle gegen alle" geht, lassen Sie uns zu der Methode zurückkommen, von der ich bereits gesprochen habe, und mit deren Hilfe man sein persönliches ökologisches Gleichgewicht herstellen kann. Es geht darum, seinem Leben eine positive Richtung zu geben. Das ist nett gesagt, aber was bedeutet es für die Realität? Wie kann jeder von uns diese Methode für sich persönlich wirksam werden lassen?

Nehmen Sie nun Stift und Papier zur Hand, um diese Frage mit Hilfe einiger Übungen zu beantworten. (Die Übungen, die ich Ihnen im folgenden vorstelle, sind eine Auswahl aus etwa fünfzig Übungen, die sich in einem meiner Bücher mit dem Titel „Diagnose Krebs. Wendepunkt und Neubeginn" befinden. In diesem Buch versuche ich Menschen, die an Krebs erkrankt sind, dabei zu helfen, ihr ökologisches System so zu verändern, daß ihre innere Heilungsfähigkeit die medizinische Behandlung in stärkerem Maße unterstützt.) Die Übungen funktionieren besser und bringen mehr, wenn Sie sie tatsächlich mit Bleistift und Papier durchführen, anstatt sie nur „im Geiste" zu machen. Lassen Sie sich Zeit. Die Übungen sind keine „schnellen Rezepte", sondern erfordern einiges Nachdenken, wenn sie wirken sollen. Ich empfehle Ihnen dringend, nur eine Übung pro Tag durchzuführen. Und seien Sie gewarnt: Dies sind keine leichten Übungen. Sie haben Zähne, und es kann sein, daß die eine oder andere Übung Sie beißt. Besorgen Sie sich für diese Übungen ein kleines Notizbuch, oder schreiben Sie sie in Ihr Tagebuch.

Übung 1

Teil A

■ Nehmen wir an, Sie schauen sich Ihren Zeitplan an und entscheiden, daß Sie sich einen Nachmittag lang (oder einen ganzen Tag oder Abend) ausschließlich Zeit für sich selbst nehmen werden. Während dieser Zeit sollen die anderen machen, was sie wollen – diese Zeit ist nur für Sie. (Vielleicht müssen Sie dazu einige Vorkehrungen treffen – einen Babysitter engagieren oder anderen Familienmitgliedern sagen, wo der nächste Lebensmittelladen ist oder wie man einkauft und kocht). Diese Zeit ist einzig und allein für Sie da, und Sie sollten sie nicht dazu verwenden, sich auszuruhen, damit Sie den Rest der Woche immer schön effektiv arbeiten können! Sie schenken sich selbst diese Zeit, und Sie tun das, wozu Ihnen ein Freund raten würde, der Sie ebenso gut kennt wie Sie sich selbst und der Sie liebt, ohne daß Sie dafür irgendwelche Bedingungen erfüllen müssen. Was also würden Sie während dieser Zeit tun, was würde Ihr Leben am meisten bereichern? Betrachten Sie dies als eine besondere Gelegenheit, Ihre Freude und Selbstbestimmung zu steigern. Beschreiben Sie, wie Sie diese Zeit nutzen würden.

Teil B

■ Glauben Sie, daß Sie sich diese Zeit wirklich nehmen werden? Nur wenige von uns haben wirklich einen so engen Zeitplan, daß dies unmöglich wäre. (Vielleicht ist es auch einfacher, mit einem anderen Familienmitglied eine Art Abkommen zu treffen: Einen Tag, Nachmittag oder Abend nimmt er oder sie sich frei, und Sie nehmen sich einen anderen Tag.) Falls Sie nicht vorhaben, sich diese Zeit zu nehmen – was hält Sie in Ihrem Inneren davon ab? Wenn Sie es aber tun – was hat Sie bisher davon abgehalten?

Übung 2

Teil A

■ Jeder von uns tut Dinge – oder hat Dinge getan –, die bewirken, daß wir uns jünger und vitaler fühlen. Während wir solche Dinge tun, gibt es Zeiten, in denen wir alles andere vergessen. Dann bemerken wir plötzlich, daß eine gewisse Zeit vorübergegangen ist; vielleicht haben wir sogar das Mittagessen ausgelassen, ohne es zu bemerken. Danach sind wir ein bißchen aufgedreht; wir fühlen uns gut, vielleicht ein bißchen erschöpft, aber es ist eine „gute" Art von Müdigkeit, nicht dieses Ausgelaugt-Sein.

Als ich mir zum ersten Mal die Dinge notierte, die in diese Kategorie von Beschäftigungen fallen, fand ich heraus, daß Strandspaziergänge dazugehörten, ebenso „Krieg der Sterne"-

und James-Bond-Filme, das Durcharbeiten von Forschungsberichten, Puccini-Opern, mir ein neues Wissensgebiet zu erschließen, ein Buch zu schreiben und Seminare abzuhalten.

Schreiben Sie die Aktivitäten auf, bei denen es Ihnen so ergeht. Berücksichtigen Sie dabei die Vergangenheit und die Gegenwart. Lassen Sie sich Zeit.

Teil B

■ Ebenso wie es Aktivitäten gibt, die Ihre Lebendigkeit und Vitalität steigern, gibt es auch Dinge, die den gegenteiligen Effekt haben. Wenn wir diese Dinge getan haben, empfinden wir oft eine ungute Art von Müdigkeit und fühlen uns ausgelaugt. Es handelt sich um Dinge, die wir lieber nicht tun würden, die wir aber aus irgendwelchen Gründen dennoch tun. Als ich mir zum ersten Mal diese Art von Dingen notierte, kam ich auf Kleider kaufen, Post beantworten, zu Abendessen oder Parties gehen, an denen mehr als sechs Personen teilnehmen, in Restaurants gehen, in denen laute Musik läuft.

Es kann vorkommen, daß Aktivitäten im Zuge Ihrer Entwicklung von der einen Liste auf die andere Liste hinüberwandern. Bei mir war es zum Beispiel so, daß zwei der Aktivitäten, die ursprünglich auf der Liste „belebender" Aktivitäten standen, inzwischen zur Liste „ermüdender" Aktivitäten gehören: Science-Fiction-Romane lesen und die Vollzeittätigkeit als Psychotherapeut.

Listen Sie alle Aktivitäten auf, die dazu führen, daß Sie sich weniger lebendig und vital fühlen. Berücksichtigen Sie dabei die Vergangenheit und die Gegenwart. Nehmen Sie sich Zeit.

Teil C

■ Was haben Sie in jüngster Zeit (welchen Zeitraum das umfaßt, legen Sie fest) bewußt unternommen, um Ihr Leben so umzuformen, daß es mehr „lebendiger machende" Aktivitäten und nicht mehr so viele „weniger lebendige" Aktivitäten enthielt, und waren Sie dabei wenigstens teilweise erfolgreich?

Eine alte Weisheit besagt: „Sorge dich nicht darum, was die Welt von dir erwartet. Sorge dich um das, was dich lebendiger macht, denn die Welt braucht Menschen, die lebendiger sind."

Beschreiben Sie das, was Sie in jüngster Zeit unternommen haben, um Ihr Leben in dieser Hinsicht zu verändern.

Teil D

■ Was in Ihnen selber erschwert es Ihnen, Ihr Leben auf diese Weise zu ändern? Versuchen Sie diese Frage zu beantworten, ohne andere zu beschuldigen. Sagen Sie zum Beispiel nicht Dinge wie „Mein Mann/Meine Frau verlangt dies oder jenes von mir". Sagen Sie eher Dinge wie: „Wenn mein Mann/ meine Frau bestimmte Dinge von mir verlangt, fühle ich mich sehr schuldig, wenn ich diese Dinge nicht tue. Es sind meine Schuldgefühle, die mich dazu bringen, daß ich ...". Oder: „Es ist meine Ängstlichkeit, die mich übersehen läßt, daß ich mich nach den Erwartungen anderer richte." Versuchen Sie so ehrlich wie möglich mit sich selbst zu sein. Was in Ihnen erschwert es Ihnen am meisten, Ihr Leben „aufzuwerten", so daß Sie mehr Zeit mit Aktivitäten der „A"-Kategorie verbringen können und weniger mit solchen der „B"-Kategorie?

Übung 3

Teil A

■ Im Englischen gibt es ein altes Sprichwort, das lautet: „Am Tag, bevor du stirbst, solltest du dein Haus in Ordnung bringen." Da außer in sehr seltenen Ausnahmefällen die meisten von uns nicht wissen, an welchem Tag sie sterben werden, meint dieses Sprichwort, daß wir unser Haus heute noch in Ordnung bringen sollen.

Wenn Sie sorgfältig darüber nachdenken – was bedeutet es für Sie, Ihr „Haus in Ordnung zu bringen?" Die Metapher bezieht sich natürlich auf unsere Beziehungen zu anderen und zu uns selbst, für einige von uns vielleicht auch auf ihre Beziehung zum Universum im großen und ganzen. „In Ordnung bringen" heißt nicht Staubwischen oder Rasenmähen. Schreiben Sie auf, was Sie heute tun müßten, wenn Sie diesen Satz befolgen würden.

Teil B

■ In Teil A dieser Übung haben Sie Dinge beschrieben, die Sie tun müßten, um Ihr „Haus" – sprich: Ihr Leben – in Ordnung zu bringen. Was in Ihnen selbst hat Sie in der Vergangenheit davon abgehalten, diese Dinge zu tun? Ist es dasselbe, was es Ihnen auch so schwer macht, sie jetzt zu tun?

Teil C

■ Denken Sie, daß Sie diese Dinge in nächster Zeit tun werden? Wenn nicht: Was müßte passieren, damit Sie sie tun?

Übung 4

Teil A

■ Stellen Sie sich vor, in der nächsten Nacht würde etwas Seltsames, Magisches passieren, und wenn Sie am nächsten Morgen aufwachten, würden Sie feststellen, daß Ihr schlimmstes Problem, das Sie in Ihrem Inneren am meisten bedrängt, verschwunden wäre und während des Schlafes gelöst worden sei. Ich spreche hier nicht von Problemen, die damit zu tun haben, was andere tun oder die sonst irgendwie von äußeren Umständen abhängen, die Sie nicht beeinflussen können. Ich meine Probleme, die damit zu tun haben, wie Sie auf bestimmte Dinge reagieren und lieber nicht reagieren würden. Nehmen Sie sich einige Augenblicke Zeit (oder soviel Zeit wie Sie benötigen), um sich darüber klarzuwerden, welches spezifische Problem Sie als Ihr schlimmstes empfinden.

(Denken Sie daran, daß Sie auf der ganzen Welt derjenige Mensch sind, der am besten beurteilen kann, wie Sie sich fühlen. Wenn es irgend jemanden gibt, der dieses Problem beschreiben kann, dann sind Sie es.)

Wenn Sie das Problem beschrieben haben, von dem Sie sich vorstellen sollen, daß es über Nacht verschwindet – woran würden Sie beim Aufwachen bemerken, daß es weg ist? Was an Ihren Gefühlen und/oder Ihrem Verhalten würde Ihnen klarmachen, daß Sie das Problem nicht mehr haben? Beschreiben Sie ganz genau, was Ihnen morgens auffallen würde.

Teil B

■ Jetzt, wo Sie sich über dieses Problem im klaren sind und wissen, wie Sie sich mit diesem Problem fühlen und wie Sie sich ohne es fühlen würden, stellen Sie sich die Frage: Wie hilflos sind Sie im Hinblick auf dieses Problem wirklich?

Was haben Sie dagegen zu unternehmen versucht? Einige Ihrer Bemühungen fallen vielleicht in die Kategorie der „Tips und Tricks", wie zum Beispiel bis zehn zu zählen, bevor Sie etwas sagen, wenn Sie allzu wütend sind oder im Fitneßstudio eine besonders harte Trainingseinheit einzulegen, wenn die unangenehmen Gefühle ein gewisses Ausmaß übersteigen. Diese Strategien sind vielfach hilfreich, aber sie ändern auf lange Sicht kaum etwas. Vielleicht haben Sie auch versucht, Ihre Reaktion zu analysieren und herauszufinden, welche Ursachen es in der Vergangenheit für solche starken Reaktionen gibt und welche unbewußte Bedeutung diese Reaktionen bei Ihnen auslösen. Offensichtlich war aber auch dies nicht erfolgreich, denn Sie haben die ganze Sache als Ihr größtes inneres Problem zu Papier gebracht.

Würde die zweite Methode das Problem lösen? Wie Sie wissen, besteht diese zweite Methode darin, Ihr inneres ökologisches System so zu verändern, daß Ihre Energie von den alten und beschwerlichen Routinen in neue Bahnen gelenkt wird, so daß Sie mehr Erfüllung, Begeisterung und Lebensfreude entwickeln. Vielleicht lautet die Antwort auf diese Frage „ja", und vielleicht ist dies die Methode, die Sie anwenden müssen, um das Problem zu lösen. Vielleicht ist es Zeit für Sie, aktiv etwas zu tun, das Ihr Leben so stark aufwertet, daß das Problem im Zuge der allgemeinen Veränderung verschwindet.

Beschreiben Sie genau, was Sie unternommen haben, um dieses Problem anzugehen. Wo hätten Sie noch mehr tun können? Was in Ihnen macht es Ihnen so schwer, aktiv etwas dazu beizutragen, um besser mit diesem Problem umzugehen? Was werden Sie Ihrer Meinung nach in nächster Zukunft gegen dieses Problem tun?

Übung 5

■ Die folgende Übung basiert auf einer Geschichte von Fjodor Dostojewski. (Freud wurde einmal gefragt, wer seiner Meinung nach die drei bedeutendsten Psychologen gewesen seien, die jemals gelebt hätten. Er antwortete, daß Dostojewski klar den ersten Rang einnehme und Goethe den zweiten. Auf die Frage, wer an dritter Stelle käme, antwortete Freud: „Die Bescheidenheit verbietet mir zu antworten.")

Die Geschichte handelt von einem Mann namens Ivan, der in Moskau lebte, verheiratet war und ein erfolgreiches Geschäft betrieb. Eines Tages – er war mittleren Alters – begann ihn ein Teufel heimzusuchen. Dieser Teufel hatte Hufe und Hörner und auch sonst alle Attribute, die Teufel gewöhnlich haben, aber niemand außer Ivan konnte ihn sehen oder hören. Der Teufel flüsterte unablässig in Ivans Ohr, jedem aus seiner Umgebung zu mißtrauen. Er sagte zum Beispiel: „Traue diesem Mann nicht", „Nimm dich vor dem da in acht – er will dich betrügen", „Glaube diesem Menschen nicht – er haßt dich" und so weiter. Je wütender Ivan auf den Teufel wurde, desto größer wurde dieser, und desto lauter erklang seine

123

Stimme in Ivans Ohr. In dem Maße, in dem Ivan anderen argwöhnisch begegnete und ihnen immer weniger vertraute, wurden seine Beziehungen zu ihnen schlechter und schlechter. Eines Tages verließ ihn seine Frau samt den Kindern, und sein Geschäft rentierte sich immer weniger.

Schließlich stand er kurz vor dem Bankrott, und es gab nur eine einzige letzte Chance, diesen abzuwenden und wieder von vorne anzufangen. Diese Chance bot sich ihm bei einem Treffen mit einigen seiner ehemaligen Kunden. Ivan begab sich in sein Geschäft mit dem festen Entschluß, daß er für diesmal diesen Menschen das Vertrauen entgegenbringen würde, das sie nach langen Jahren der Freundschaft und der gemeinsamen Arbeit verdient hatten. Er schwor sich, daß er dieses Mal dem Mißtrauen und Verfolgungswahn nicht erliegen wolle. Der Teufel folgte ihm jedoch und flüsterte ihm unablässig ins Ohr, und Ivan zeigte sich seinen ehemaligen Kunden und ihren Motiven gegenüber so mißtrauisch, daß er die letzte Möglichkeit, sein Geschäft zu retten, verspielte. Sie verließen ihn im Zorn, und er war ruiniert.

Ivan kehrte völlig verzweifelt nach Hause zurück. Er dachte an Selbstmord als einzigen Ausweg. Der Teufel folgte ihm dicht auf den Fersen. Als sie sich der Haustür näherten, hatte Ivan einen plötzlichen Einfall. Er drehte sich herum und lud den Teufel zum Tee ein! Der Teufel wirkte überrascht, nahm die Einladung jedoch an. Ivan bat das Dienstmädchen, den Tisch für zwei Personen zu decken. Da sie nur ihn sah, dachte sie, er sei verrückt geworden, befolgte jedoch seine Anweisungen. Ivan servierte dem Teufel Tee und sprach mit ihm wie mit einem normalen Menschen. Der Teufel wurde immer durchsichtiger, seine Stimme immer schwächer und schwächer.

Ivan war natürlich noch nicht fertig mit dem Teufel – dieser sollte ihm noch eine lange Zeit bleiben. Aber er hatte einen neuen Weg gefunden, ihm zu antworten und seine Kontrolle über ihn zu mindern. Falls er seine Methode weiterhin anwenden würde, könnte er genügend Kontrolle wiedererlangen, um mit oder ohne Teufel ein normales Leben führen zu können.

Dostojewski glaubte natürlich nicht, daß Menschen von nach Schwefel stinkenden Teufeln mit Mistgabeln verfolgt würden. Er meinte den inneren Teufel, die immer wiederkehrenden, wirklichkeitsfernen Reaktionen in uns, die unser Leben soviel schwieriger machen.

Lassen Sie uns diese Geschichte nun in eine Meditation verwandeln!

In der letzten Übung haben Sie Ihr schlimmstes und beunruhigendstes inneres Problem beschrieben, die immer wiederkehrende Reaktion, die Ihnen am meisten Schwierigkeiten und Schmerz bereitet. Entwerfen Sie ein Bild für dieses Problem; stellen Sie es sich als ein Tier vor, als einen Menschen oder als sonst irgendein Wesen, das seine Botschaften in Ihr Ohr flüstert. (Ein Mann, den ich kannte, beschrieb sein schlimmstes inneres Problem als die Tendenz, auf Widerstand so zu reagieren, als ob er hilflos sei. Er neigte dazu, seinen Gegner um Hilfe zu bitten, statt sich der Situation zu stellen. Dies erinnerte ihn an einen kleinen Hund, den er früher besessen hatte. Wenn dieser Hund etwas angestellt hatte und dafür gescholten wurde, verhielt er sich meist, als habe er sich die Pfote verletzt: Er hielt die Pfote hoch, als würde sie schmerzen, und winselte. Mein Klient stellte sich sein größtes inneres Problem als diesen kleinen Hund vor und nannte es „Wunde Pfoten".) Wie würden Sie sich Ihr Problem vorstellen? Welchen Namen würden Sie ihm geben?

Lassen Sie sich dazu Zeit. Vielleicht müssen Sie länger darüber nachdenken. Finden Sie das am besten zu Ihrem Problem passende Bild, und geben Sie ihm den treffendsten Namen, der Ihnen einfällt. Es ist wichtig, daß Sie sich dabei nicht hetzen. Sie haben schon etwas gegen das Problem unternommen, indem Sie es einfach nur beschrieben haben. Sehen Sie sich noch einmal Ihre Notizen zur letzten Übung an. Denken Sie noch einmal darüber nach und überlegen Sie sich, was Ihr Problem symbolisieren könnte und wie Sie es nennen könnten.

Machen Sie es sich jetzt bequem. Stellen Sie sich vor, Sie

befänden sich in einer Situation, die bei Ihnen zu derjenigen Reaktion führt, die Sie als Ihr inneres Problem Nummer eins erkannt haben. Stellen Sie sich die Situation deutlich vor. Dann stellen Sie sich das Bild vor, das Sie für Ihr Problem entworfen haben, und malen sich aus, wie es Ihnen seine Botschaft ins Ohr flüstert. Es sagt Ihnen, daß Sie sich genau so verhalten sollen, wie Sie es nicht mehr möchten.

Beobachten Sie in Ihrer Vorstellung, wie das Problem auf Ihrer Schulter hockt oder neben Ihnen steht und Ihnen zuflüstert, wie Sie sich fühlen und verhalten sollen. Hören und sehen Sie ihm zu. Versuchen Sie, sich dies beim ersten Mal drei Minuten lang in allen Einzelheiten auszumalen. Beim nächsten Mal verlängern Sie auf fünf Minuten.

Fügen Sie diese Übung Ihrem Meditationsprogramm hinzu. Inzwischen haben Sie genügend Erfahrung, um selbst entscheiden zu können, wie lange jede Sitzung mit dieser speziellen Meditation dauern sollte und wie oft Sie sie durchführen sollten.

Das nächste Mal, wenn Sie sich in einer Situation befinden, die die von Ihnen unerwünschte Reaktion hervorruft, versuchen Sie sich das Bild für Ihr Problem vorzustellen, und sei es auch nur für einen Augenblick. Lächeln Sie Ihrem Problem zu. Sagen Sie: „Da bist du ja wieder, alter Freund. Wie wäre es, wenn du mal kurz verschwinden würdest? Geh ins Badezimmer oder sonst irgendwohin. Ich bin gerade beschäftigt." Und so weiter. Versuchen Sie, Ihrem Problem für ein, zwei Sekunden ein schiefes Lächeln zu schenken, wenn Sie das schaffen. Das mag die ersten beiden Male noch nicht sehr erfolgreich sein. Alte Gewohnheiten sind hartnäckig, und fest eingefahrene Verhaltensprogramme lassen sich nur schwer abändern. Es kann vorkommen, daß Sie vergessen, diese Strategie anzuwenden oder daß Sie von der so lange eingeschliffenen Reaktion überwältigt werden. Letztendlich wird es Ihnen jedoch so ergehen wie Ivan: Jedesmal, wenn Sie diese Strategie ausprobieren, werden Sie ein bißchen mehr Kontrolle gewinnen und damit Ihre Erfolgschancen für das nächste Mal erhöhen.

■

Sie haben vielleicht bemerkt, daß es in allen diesen Übungen
und Meditationen darum geht, mehr Kontrolle über Ihr eigenes
Leben zu gewinnen. Sie formen Ihr Leben so, daß es stärker Ihren
Wünschen entspricht. Sie verändern darüber hinaus Ihr inneres
ökologisches System so, daß, nachdem Sie Ihr Gewichtsproblem
erfolgreich gelöst haben, dieselben alten inneren Kräfte nicht
wieder alles von vorne beginnen lassen.

Dies kann natürlich mit oder ohne die Übungen geschehen,
die ich soeben vorgestellt habe. Man kann sich selbst in den
Blick nehmen und sich fragen: „Welcher Teil meines Daseins
– der körperliche, geistige, emotionale, spirituelle – ist am
meisten mißachtet worden? Welcher Teil von mir ist immer
‚außen vor‘ geblieben und hat um meine Zuwendung gebettelt;
worum habe ich mich nie gekümmert?" Anschließend kann
man sich vornehmen, diesen Teil seiner selbst aufzuwerten.
Oder Sie fragen sich selbst: „Welche Pflanze in dem Garten,
der ich bin, ist am wenigsten gegossen und gepflegt worden?
Wie kann ich den Schaden, der dadurch entstanden ist, wieder
gut machen?" Nachdem Sie etwas unternommen haben, um
einen bestimmten Aspekt Ihres Daseins aufzuwerten, stellen
Sie sich diese Fragen erneut und kümmern sich anschließend
ganz besonders um den nächsten Teil Ihrer selbst, den Sie ver-
nachlässigt haben. Auf diese Weise machen Sie immer weiter,
bis Sie so begeistert und beschäftigt Ihr eigenes besonderes Leben leben, daß Sie eines Tages keinen Bedarf mehr verspüren,
in der jeweils aktuellen Periode Ihres Lebens noch etwas zu
verändern.

Das ist zu schaffen, wenn Sie genügend Willenskraft aufbringen und sich so verhalten, als würden Sie sich ernsthaft um sich
selbst kümmern. Wie ich bereits erwähnt habe, wird Ihr Handeln sich darauf auswirken, wie Sie sich tatsächlich fühlen, aber
häufig müssen Sie zunächst einmal einfach aus purer Willenskraft handeln.

Wenn wir über- oder untergewichtig sind, ist es vielfach so, daß das Problem sich langsam eingeschlichen hat, ohne daß wir allzuviel davon mitbekommen hätten, bis es uns schließlich überwältigt hat. Daher meinen wir vielleicht, der Kern des Problems bestehe darin, wieder ein vernünftiges Gewicht zu bekommen. Dies ist oft ein notwendiger erster Schritt, aber wenn wir das Problem dauerhaft lösen wollen, müssen wir es umdefinieren. Das umdefinierte Problem besteht nicht darin, schlank werden zu wollen, sondern darin, wie man dem Leben möglichst viel Freude, Begeisterung und echte Erfüllung abgewinnt. Abzunehmen ist kein in sich bedeutsames Ziel, sondern ein notwendiger Bestandteil des Weges zu einem positiveren Lebensgefühl.

Wenn das Körpergewicht eines Menschen nicht gut für ihn ist, dann ist letztlich das gesamte Leben dieses Menschen veränderungsbedürftig. Über- oder Untergewicht ist ein Signal dafür, daß etwas nicht stimmt, und das, was nicht stimmt, ist nicht einfach nur das Körpergewicht. Vielleicht gibt es ein zugrundeliegendes Drüsenproblem – dann muß man diese Fehlfunktion behandeln. Es ist aber wahrscheinlicher, daß das zugrundeliegende Problem die Beziehung des betreffenden Menschen zu sich selbst, zu anderen und/oder zur umgebenden Welt im ganzen ist. Sehr vielen Menschen fällt es schwer, festzulegen, worin der Sinn ihres Lebens und ihres Daseins besteht und ob ihre Bemühungen wirklich einem Zweck dienen, und wenn ja, welchem. Und dies wirkt sich auf das gesamte System der Handlungen und Reaktionsweisen eines Menschen aus. C. G. Jung hat einmal bemerkt, bei allen Patienten, die älter als fünfunddreißig Jahre seien, sei ihr Problem letztendlich religiöser Natur gewesen. Und die psychischen Probleme wären nicht gelöst worden, wenn dieses religiöse Problem nicht erfolgreich angegangen worden wäre. Jung ging es dabei natürlich nicht um solche Dinge wie den regelmäßigen Kirchgang oder um kirchliche Dogmen. Er meinte eher Probleme, die mit dem Sinn und Zweck des Lebens zu tun haben.

Das Anlagern von Fett gehört zu den natürlichen Körperfunktionen. Der Körper verbrennt über den gesamten Tag hinweg Fett, und diese Verbrennung macht mehr als die Hälfte der Energie aus, die man im alltäglichen Leben benötigt. Was schiefläuft ist nicht, daß Sie zuviel essen oder sich zuwenig bewegen, sondern daß das System des Essens und Energiespeicherns aus dem Gleichgewicht geraten ist. Wir alle kennen Menschen, die sehr viel essen, sich sehr wenig bewegen und trotzdem schlank bleiben. Und im großen und ganzen essen übergewichtige Menschen nicht mehr als normalgewichtige. Sorgfältig überwachte Studien haben gezeigt, daß bei exakt derselben Ernährung manche Menschen ihr Gewicht halten, während andere abnehmen und wieder andere zunehmen. Das hat damit zu tun, wie Ihr Körper, Ihr Geist und Ihre Seele ganz allgemein funktionieren.

Es gibt einige Ausnahmen, bei denen es notwendig ist, zunächst das Symptom zu behandeln, bevor man sich der zentralen Ursache zuwendet. Ein Beispiel dafür sind Depressionen, eine extrem schmerzhafte Erkrankung, deren Leitsymptom darin besteht, daß die Betroffenen sich mit sich selbst und der Welt im allgemeinen gegenüber furchtbar schlecht fühlen. Man kann nicht den Grund behandeln, bevor man nicht das Symptom behandelt hat. Normalerweise werden Depressionen mit Antidepressiva behandelt, so daß in einem nächsten Schritt die zugrundeliegenden Ursachen psychotherapeutisch behandelbar werden. Eine psychotherapeutische Behandlung des eigentlichen Problems ist in diesem Fall nicht möglich, bevor nicht das Symptom behandelt worden ist.

Bei Gewichtsproblemen ist es normalerweise ebenfalls notwendig, zunächst das Symptom zu behandeln und ein gesundes Körpergewicht zurückzuerlangen. Dann werden die zugrundeliegenden Probleme einer Behandlung besser zugänglich. Denn sie haben dazu geführt, daß wir die Kontrolle über unser Essens- und Energiespeicherungssystem verloren haben. Werden diese zugrundeliegenden Probleme jedoch nicht behandelt, so ist es wahrscheinlich, daß das Gewichtsproblem von neuem auftritt, sobald wir mit unserer Diät aufhören, ebenso wie im Falle einer Depression die depressiven Gefühle erneut auftreten, sobald die Medikamente abgesetzt werden.

8 ■ Ein ganzheitliches Verständnis von Gesundheit

*Die Tatsache, daß jede vernünftige Nation aus der
Beobachtung, daß immer genügend Brot da ist, wenn man den
Bäckern ein finanzielles Interesse daran ermöglicht, für die
Menschen zu backen, den Schluß ziehen könnte, Chirurgen ein
finanzielles Interesse daran zu ermöglichen, einem ein Bein
abzuschneiden, reicht aus, um einen an der Menschlichkeit
der Politik verzweifeln zu lassen.*

George Bernard Shaw

Die Medien bombardieren uns förmlich mit der Botschaft, daß
unsere Gesundheit in einem katastrophalen Zustand ist und daß
wir, um das Schlimmste abzuwenden, ein bestimmtes Medikament bräuchten oder zum Arzt müßten. Lewis Thomas, der Präsident des New Yorker „Memorial Sloan-Kettering Krebszentrums", hat geschrieben:

Während der letzten fünfundzwanzig Jahre hat sich nichts so
sehr verändert wie die öffentliche Wahrnehmung der eigenen
Gesundheit. Die Veränderung besteht in einem Verlust des
Vertrauens in den menschlichen Körper. Heutzutage scheint
allgemein der Glaube zu herrschen, daß der Körper grundlegend geschädigt ist, in jedem Augenblick der Zerstörung ausgesetzt und ständig im Begriff ist, tödlich zu erkranken, so
daß es der ständigen Überwachung und Behandlung durch
professionelle Mediziner bedarf.

Diese neue Sichtweise ähnelt derjenigen vieler ursprünglicher
Völker, daß der Tod etwas Unnatürliches ist, etwas, das eigentlich nicht passieren sollte. In solchen Gesellschaften werden

vielfach Geister oder Dämonen für den Tod verantwortlich gemacht. Der moderne Mensch ist der Ansicht, daß der Arzt versäumt hat, dem Tod zuvorzukommen.

Pharmaziekonzerne und ihre Werbeagenturen verwenden einen ungeheuren Aufwand darauf, uns davon zu überzeugen, daß unser Körper nicht funktioniert und aus dem einen oder anderen Grund ständig in Gefahr ist zu erkranken. Wir müssen – so warnt man uns – ständig einen gewissen Vorrat an Medikamenten verfügbar halten, wenn wir nicht von allen möglichen Beschwerden von Kopfschuppen bis hin zu Hämorrhoiden und Fußpilz heimgesucht werden wollen. Nicht eines der Systeme unseres Körpers (mit Ausnahme solcher Dinge wie etwa des Lymphsystems, an dessen Existenz das Laienpublikum nicht wirklich glaubt), wird von der Drohung ausgenommen, daß es aus sich selbst heraus nicht richtig funktioniert oder sich nach einer Erkrankung nicht wieder eigenständig erholen kann. Man warnt uns, daß die wirklich schlimmen und ernsthaften Probleme erst noch vor uns liegen. Wir sollten uns darauf vorbereiten, indem wir unser Geld bestimmten Forschungszweigen zukommen lassen, damit man weiter forschen könne – eines Tages sei dies für uns vielleicht von Nutzen. Niemand stellt sich dieser Propaganda entgegen: Schließlich bleiben doch die meisten Menschen in ihrem Leben frei von schlimmeren Erkrankungen und erholen sich von kleineren Krankheiten von selbst. Und in den westlichen Ländern erreichen die meisten ganz eindeutig und unbeeinträchtigt ein höheres Alter, als frühere Generationen es sich hätten träumen lassen.

Eine der einfachsten Methoden, andere Menschen in Wut zu bringen, besteht in der Tat darin, ihnen zu sagen, daß sie nicht noch mehr medizinische Kontrolle, Vitamine, Bewegung, Ernährungsberater und konstante Sorge um die Gesundheit brauchen (probieren Sie das doch einmal bei Ihren Freunden aus und beobachten Sie, wie sich Freunde in ehemalige Freunde verwandeln). Viele sehen es sogar als Angriff auf ihre Persönlichkeit, und Sie werden mit Reaktionen rechnen müssen, wie wenn Sie sich in einem Naturkostladen eine Zigarette anzünden.

Obwohl die Kosten für die medizinische Versorgung enorm

gestiegen sind, haben wir alle den Eindruck, daß unser medizinisches System unterfinanziert und unzulänglich ist, daß die Ärzte sich nicht genügend Zeit für uns nehmen und überarbeitet sind und daß es nicht ausreichend Krankenpflegepersonal gibt. Darüber hinaus wäre, schaut man sich den medizinischen Fortschritt an, nach den Gesetzen der Logik eigentlich eine Verringerung der Kosten im Gesundheitswesen zu erwarten gewesen. Ein typischer Fall von Lungenentzündung erforderte vor der Erfindung der Antibiotika einen drei- bis vierwöchigen Krankenhausaufenthalt; eine Typhuserkrankung dauerte zwölf bis sechzehn Wochen; Meningitis erforderte bis zum Abschluß der Rekonvaleszenz oft eine mehrmonatige Behandlung. Diese und andere verbreitete infektiöse Erkrankungen können heutzutage sehr schnell erfolgreich behandelt werden. Das Nettoergebnis einer so erfolgreichen Technologie zur Bekämpfung von Infektionen sollte eigentlich ein deutliches Absinken der Pflegekosten sein.

Wir ärgern uns, wenn wir erfahren, daß unsere erhöhten Aufwendungen für das Gesundheitssystem schon seit langem dazu führen, daß Krankheitsrückfälle immer seltener werden, daß wir im gesamten ziemlich frei von Krankheiten sind – deutlich mehr als zu irgendeiner anderen Zeit unserer Geschichte. Wir hören es aber nicht gern, daß unser Körper eigentlich ganz gut in der Lage ist, auf sich selbst aufzupassen und daß wir uns nicht dafür schuldig zu fühlen brauchen, daß wir uns nicht noch besser um unsere Gesundheit kümmern. Wir haben offensichtlich den Eindruck, als würde uns etwas weggenommen.

Und tatsächlich wird uns etwas weggenommen: die Hoffnung auf Magie, das heißt die Hoffnung, daß die Medizin (und ihre weißbekittelten Magier) all unsere Probleme lösen und unseren Tod so lange hinausschieben werden, bis wir bereit sind zu sterben – oder daß wir vielleicht überhaupt nicht mehr sterben müssen. Wir hoffen, daß die Medizin uns „gesund" und voller Lebenslust sein läßt, von Freude erfüllt, sexuell attraktiv und leistungsfähig. Jeder, der uns die Hoffung nimmt, daß wir uns den Himmel auf Erden verschaffen können, indem wir einfach jeden Tag ein paar Gramm mehr Vitamin C plus Zink plus Vitamin E zu uns nehmen, ist uns herzlich unsympathisch. Der Glaube an das magische Versprechen der Medizin ist inzwischen die Illusion unserer Kultur.

Dennoch sollten wir erkennen, daß es sich dabei um einen Trugschluß handelt. Die Illusion führt zu einer Blockierung unserer Wahrnehmung, so daß wir nicht mehr wissen, was wir selbst effektiv für unsere Gesundheit tun können. Sie führt dazu, daß wir dem Berufsstand der Mediziner eine unermeßliche und unfaire Last aufbürden, und zu einer steigenden Feindseligkeit zwischen Ärzten und medizinischen Laien, die immer dann aufbricht, wenn medizinische Kapazitäten die in sie gesetzten Hoffnungen nicht erfüllen. Darüber hinaus macht uns diese Illusion zu wütenden und übermedikamentierten Hypochondern.

Paradoxerweise fühlt sich nur ein sehr kleiner Prozentsatz „die meiste Zeit gut" (dies sagen nach einer Untersuchung nur sieben Prozent der Amerikaner von sich). Wie sind wir in diese Situation geraten?

Ich glaube, es gibt drei Hauptgründe:

1. Der Aufstieg des mechanistischen Denkens in westlichen Gesellschaften und der damit einhergehende Glaube, daß alles perfekt funktionieren kann.
2. Der gewaltige Fortschritt der Medizin in der zweiten Hälfte unseres Jahrhunderts bei der Bekämpfung ansteckender Krankheiten hat zu dem Glauben geführt, daß alle Krankheiten in den Griff zu bekommen seien.
3. Die irrige Definition von „Gesundheit" als „Abwesenheit von Krankheit". Diese ist ziemlich katastrophal und hat die Vorstellung erzeugt, daß wir „gesund" sein würden, sobald wir frei von Krankheiten wären.

Da sich alle sehnlichst wünschen, „gesund" zu sein, ohne wirklich zu wissen, was das ist, und da alle meinten, man könne dies bekommen, indem man „Krankheiten" heilt, entstand ein ganzer Industriezweig, um dieses Bedürfnis zu befriedigen. Man ging dabei von folgendem Prinzip aus: Wenn etwas nicht funktioniert, liegt die Lösung darin, es noch intensiver zu probieren (wenn der Türbolzen nicht ins Schloß paßt, probiert man so lange herum, bis er eben doch paßt). Und so wurden die Formen medizinischer Behandlung immer extensiver. Die Zahl von chirurgischen Eingriffen, Medikamenten, jährlichen Untersuchungen, Stärkungsmitteln, Vitaminen usw. stieg überproportional an. Wie in allen Industriezweigen, in denen Konkurrenz herrscht, werden die Mittel zum Ziel, und die Verkaufszahlen eines Produkts gelten schließlich ebenso als Qualitätsbeweis wie dessen Wirksamkeit. Viele der medizinischen Prozeduren und Produkte waren nutzlos (etwa jährliche Untersuchungen und wahlloses Entfernen der Mandeln), einige waren auch richtiggehend gefährlich (die katastrophalen Auswirkungen von „Contergan" sind ein Beispiel).

Das Problem, das wir gegenwärtig haben, ist zum Teil sprachlicher Natur. Wir neigen dazu, von Krankheiten als von „Dingen" zu sprechen, anstatt sie als Teil des gesamten Lebensprozesses anzusehen. Wir betrachten auf diese Weise die Person und die Krankheit getrennt voneinander. Das ist so ähnlich wie die alte Auffassung, nach der eine Krankheit von bösen Geistern verursacht wird, die in den Körper eingedrungen sind und nun wieder daraus vertrieben werden müssen. Sobald der Dämon ausgetrieben war, galt der Mensch als geheilt. Inzwischen wissen wir es besser. Und es wäre sehr viel realistischer, unsere Sprache dem anzupassen. Ein solcher moderner Begriff würde davon ausgehen, daß ein spezifisches Individuum in der Beziehung zu sich selbst, zu anderen und zum Kosmos über Stärken, Schwächen und Spannungsbereiche verfügt, und daß diese Gesamtgestalt eines Menschen Anzeichen eines Karzinoms oder von Angina pectoris aufweisen würde (dies würde auch unsere Fähigkeit erhöhen, Probleme in diesem Bereich zu lösen). Wir würden zum Heilungsprozeß dann zwei integrative Teile rechnen: eine schnelle Behandlung der Symptome und eine langfristigere Reorganisation der gesamten Lebensweise eines Menschen.

Wenn wir Krankheiten als „Dinge" betrachten, die uns widerfahren, suchen wir nach einem einzelnen „Grund" für unsere Erkrankung. Zu sagen, daß ein ungünstiges Ereignis „schicksalhaft" sei, ist in unserer Gesellschaft ebensowenig akzeptabel wie die Behauptung, der „böse Blick" einer Hexe sei an allem schuld. Wir können statt dessen die Schuld beispielsweise „karzinogenen" Substanzen in der Atemluft zuschieben und dabei außer acht lassen, daß diese Substanzen, die unser Immunsystem ja nun wirklich bedrohen, doch nicht alle Menschen in gleicher Weise beeinflussen. Offensichtlich ist es jedoch hilfreich und tröstend zu glauben, daß es „irgendwo da draußen" einen Dämonen gebe. Und in der Tat ist es ja auch wichtig, unser Wasser und unsere Atemluft zu reinigen. Wenn wir jedoch davon ausgehen, daß diese äußeren Faktoren die einzigen Ursachen für Krankheiten sind, dann werden wir sehr deprimiert sein, wenn die Luft, die wir und unsere Kinder einatmen, gesund ist und wir dennoch krank werden. Die Umwelt ist nur ein Teil des gesamten Bildes, nicht die einzige „Ursache" von Erkrankungen.

Vielfach versuchen wir, die Schuld anderen Menschen zuzuschieben – „Mein Chef, dieses Ekel, war schuld an meinem Herzinfarkt" –, obwohl diese Erklärung uns auf lange Sicht nicht sonderlich befriedigt, es sei denn, wir verfügen über einen ausgeprägten Hang zur Paranoia. Seit der Zeit Freuds erfreut sich in unserer Kultur eine neue Erklärungsform großer Beliebtheit. In unserer Gesellschaft ist es extrem populär, Krankheiten psychosomatisch zu erklären, denn dies ermöglicht es den Patienten, die Schuld am denkbar besten Ort zu suchen – bei sich selbst. Die Vorstellung, daß es für eine Erkrankung einen bestimmten Grund gibt, daß jemand oder etwas schuld daran hat, ist oft schon im Klang der Stimme eines Patienten zu erkennen, wenn dieser den Arzt fragt: „Warum habe ich mir diese Krankheit zugezogen?" Bereits der Tonfall beinhaltet, daß da etwas Heimtückisches vorgeht. Wir wollen einen bestimmten Grund hören, am liebsten einen, der nicht in uns selbst liegt, und wir möchten uns vergewissern, daß wir uns die Krankheit zufällig zugezogen haben. Die Antwort „Das ist ein Virus" und die Versicherung „Das geht gerade so richtig um", entspricht exakt unseren Wünschen. Wir brauchen nicht zu fragen, warum andere, die dem Virus doch ebenfalls ausgesetzt waren, nicht auch krank geworden sind. Wir erwarten von unserem Arzt, daß er den Erreger bekämpft, ohne daß dies für uns mit allzuviel Unannehmlichkeiten verbunden ist (außer vielleicht mit einer Spritze, einer Tablette und ein paar Tagen Bettruhe) und ohne daß wir uns dem unangenehmen Gedanken aussetzen müssen, daß wir vielleicht etwas mehr Verantwortung für unser eigenes Leben übernehmen sollten.

Diese Vorstellung paßt sehr gut zu einer anderen weitverbreiteten Phantasie.

Es gibt den sehr alten Glauben, es gebe irgendwo ein „natürliches" Mittel, eine Pflanze oder ein Kraut, das all unsere Probleme lösen und uns ewige Jugend und Gesundheit verleihen kann – kurz gesagt, das uns Unsterblichkeit verleiht. Dieser Glaube geht mindestens bis auf sumerische Zeiten zurück. Wir finden ihn bereits im Gilgamesch-Epos, das vermutlich vor dem Jahre 3000 vor Christus entstanden ist. Der Arzt und Philosoph Kenneth Walker ist der Meinung, daß dieser Glaube möglicherweise aus der Beobachtung von Tieren entstanden ist. Tiere behandeln Verletzungen oder Erkrankungen oft, indem sie bestimmte Pflanzen fressen oder sich ihre natürliche Umgebung zunutze machen. Vögel können sich zum Beispiel sehr erfolgreich von Parasiten befreien, indem sie Sandbäder nehmen. (Erst in jüngster Zeit ist uns klargeworden, daß der Effekt darin besteht, daß die Poren, durch die die Parasiten atmen, verstopft werden.) Der Glaube ist sehr hartnäckig und hat sein modernes Äquivalent in vielen der modisch-verrückten Diäten und Werbeanzeigen für frei verkäufliche Mittel, von denen die Medien voll sind. Die Vorstellung ist in der westlichen Kultur so tief verwurzelt, daß der im 19. Jahrhundert lebende französische Mediziner und Forscher Brown-Séquard über der Eingangstür zu seinem Labor ein Schild aufhängte, mit dem er Kollegen und Studenten in Erinnerung brachte: „Gegen den Tod ist kein Kraut gewachsen."

Die Phantasie, es habe einmal ein goldenes Zeitalter gegeben, hat unser Konzept von Krankheit und Gesundheit ebenfalls gestützt. Wir meinen, daß in früheren Zeiten die Menschen glücklicher und gesünder waren als wir. Bei näherem Hinsehen wird uns sehr schnell klar, daß dies nicht stimmt. Dennoch hat dies Einfluß auf unser Denken. Wir glauben zum Beispiel, daß vor sechzig Jahren in einer kleinen Stadt, in der es einen guten und fürsorglichen Arzt gab, weniger Krankheiten vorkamen als heute. Dementsprechend schreiben Ernährungsberater die Mehrzahl der heutigen Erkrankungen chemischen Zusatzstoffen in unserer Nahrung zu. Die amerikanische Krebshilfe ist der Auffassung, daß die meisten Krebserkrankungen umweltbedingt und durch Karzinogene verursacht sind, die von der modernen Industrie ausgestoßen werden. Beide Theorien scheinen vernünftig, solange wir nicht einen Blick auf die Sterblichkeitsstatistiken des letzten Jahrhunderts werfen und klar wird, daß diese Erklärungen zu stark vereinfachen.

Untersuchungen an ägyptischen Mumien, also von Menschen aus den besten Familien der damaligen Zeit haben eindeutige Anzeichen für am gesamten Körper auftretende Tumore, Arthritis, Karies, Staublunge, Lungenentzündung, Brustfellentzündung, Rheumatismus, Nierensteine, Leberzirrhose, Mastoiditis, Blinddarmentzündung, Meningitis, Pocken, Tuberkulose und eine Vielzahl anderer Erkrankungen gezeigt. Und zu jenen Zeiten waren Umweltgifte, Tabak und Nahrungszusätze noch unbekannt.

Die Vorstellung eines goldenen Zeitalters der Gesundheit ist nicht neu. Im Jahre 1796 schrieb der Arzt C. W. Hufeland, daß die Menschheit sich auf dem Wege des körperlichen Verfalls befinde und die Menschen künftig früher sterben würden. Es sei denn, man würde zu den einfachen Formen des Lebens zurückfinden, wie sie in der guten alten Zeit geherrscht hätten, wo man „im Einklang mit der Natur gelebt" habe.

Insbesondere seit Rousseau und der Französischen Revolution haben wir die Idee, daß die Gesellschaft die Ursache für Krankheit sein könne und daß die Menschen im „Naturzustand" (was immer das sein mag) oder in einer „guten" Gesellschaft (was das ist, hängt von den jeweils gültigen Maßstäben ab) gesund seien und nicht krank würden. (Die neueste, rapide um sich greifende Variation dieses Glaubens besagt, daß alles, was mit Hilfe moderner Technologie hergestellt wird, krebserregend sei.) Zu dieser Vorstellung gehört auch der Glaube, daß die Menschen frei von Krankheiten sein werden, sobald die Revolution (das meint immer die Veränderungen, die wir befürworten) abgeschlossen ist. Wenn dies nun nicht eintritt, sind sowohl Revolutionäre wie auch „christliche" Wissenschaftler sehr kreativ im Finden von entschuldigenden Gründen.

Ich möchte damit nicht die Ärzte an sich kritisieren, sondern nur die derzeitige Struktur und gesellschaftliche Position der Wissenschaft aufzeigen. Der einzelne Arzt praktiziert meist aus ernsthaften und positiven Motiven heraus, und er steht gemäß dem Status und der Struktur seiner Position unter einem größeren Druck als der medizinische Laie.

In den vierziger Jahren hat die Weltgesundheitsorganisation (WHO) „Gesundheit" definiert als den „Zustand vollkommenen körperlichen, mentalen und sozialen Wohlergehens". Diese Definition bürdet denjenigen, von denen erwartet wird, daß sie mit Gesundheitsproblemen umgehen können – den Mitgliedern des ärztlichen Berufsstandes –, eine immense Last auf. Um mit dem ersten Teil dieser Definition zurechtzukommen (dem körperlichen Wohlergehen), sind sie ganz gut ausgerüstet; was den zweiten Teil angeht (das mentale Wohlergehen), so sind sie schlecht ausgerüstet. Und sie sind überhaupt nicht darauf vorbereitet, mit dem dritten Teil umzugehen (dem sozialen Wohlergehen). Sie sind weder dafür ausgerüstet, mit der ständigen Wechselwirkung zwischen allen drei Teilen zurechtzukommen, noch vermögen sie zu erkennen, daß diese Definition noch einen wesentlichen Teil des Menschseins ausläßt: den spirituellen Aspekt, das tiefe und grundlegende Bedürfnis, der eigenen Existenz Sinn zu verleihen. Schließlich gibt es geschichtlich viele Beispiele dafür, daß Menschen sogar ihr körperliches Wohlergehen opfern, wenn sie dadurch ihr spirituelles Bedürfnis befriedigen können.

Es ist auf das Ausschwingen des kulturellen Pendels zurückzuführen, daß heutzutage das Wohlergehen fast ausschließlich materiell verstanden wird. Als Reaktion auf die mittelalterliche Auffassung, daß das Seelenheil des Menschen vorrangig sei, haben wir uns seit dem 18. Jahrhundert in die entgegengesetzte Richtung bewegt: Jetzt herrscht die Auffassung, das körperliche Wohlergehen sei wichtiger. „Krankheit" heißt nun: etwas ist mit dem Organismus nicht in Ordnung. Das Revolutionskomitee der Französischen Revolution beriet etwa monatelang darüber, wie der Klerus am besten durch einen medizinisch-bürokratischen Apparat ersetzt werden könnte.

Je mehr „Gesundheit" als Abwesenheit von „Krankheit" verstanden wurde, desto mehr wurden unter diesen Begriff auch Probleme gefaßt, die mit dem Menschsein zusammenhängen. Im Laufe der letzten sechzig Jahre wurden den Ärzten mehr und mehr Aufgaben zugewiesen, darunter viele, für die sie gar nicht ausgebildet sind. Ein Mangel an „Glück", „Erfüllung" und „Lebensfreude" wurde als Krankheit definiert. Infolgedessen erwartet man von einem Arzt, auch diese Probleme „heilen" zu können. Diese Probleme sind aber nicht mechanisch lösbar, und damit liegen sie außerhalb des Grundrahmens, in dem sich die ärztliche Ausbildung abspielt.

Die Medikalisierung der amerikanischen Gesellschaft hat ein solches Ausmaß erreicht, daß man mit den Worten der Biometrikerin Renée Fox sagen kann, in der westlichen Kultur habe die Klinik als archetypische Institution die Kirche oder das Parlament ersetzt. Unerwünschtes Verhalten wird inzwischen eher als eine behandlungsbedürftige Krankheit angesehen als ein Verbrechen, auf das eine Strafe steht oder eine Sünde, die eine Umkehr des Verhaltens erfordert.

So wird alles, womit der Arzt sich abzugeben bereit ist, zur Krankheit. Damit verstärkt sich die unausgesprochene Auffassung, daß nur Ärzte effektiv damit umgehen können oder dies doch besser können als andere. Der Arzt sagt, er könne Alkoholismus behandeln, weil es sich dabei um eine negative Abweichung von der Norm handelt und damit um etwas, das er als Krankheit definiert. Alkoholismus wird auf diese Weise zu einer Krankheit. Und es wird zum Vorrecht des Arztes, diese Krankheit zu behandeln, selbst wenn er ihre Ursache nicht kennt und keinen Grund zu der Annahme hat, daß es sich um eine körperliche Angelegenheit handelt. Es gibt aber keinen Grund anzunehmen, daß er im Umgang damit effektiver ist als etwa ein Kirchengericht. Es ist erwiesen, daß er weniger ausrichtet als die selbst betroffenen Leidensgenossen bei den „Anonymen Alkoholikern".

Die Medikalisierung ist so weit fortgeschritten, daß wir noch nicht einmal mehr an unsere Fähigkeit glauben, alleine oder in der zwischenmenschlichen Wärme der Gesellschaft uns nahestehender Menschen zu sterben. Wir glauben, um uns herum eine Hofgesellschaft aus weißbekittelten, antiseptisch wirkenden Gestalten haben zu müssen, um unseren letzten Gang anzutreten. Das Individuum fühlt sich inzwischen so hilflos, daß es nicht einmal mehr mit seinem eigenen Tod ringen oder seinen eigenen Todesweg finden kann.

Vor Beginn dieses Jahrhunderts teilten Ärzte ihre moralische Last mit einem anderen Berufsstand. Ein großer Teil dessen, wofür heute die Ärzte zuständig sind, fiel damals in den Zuständigkeitsbereich von Geistlichen. Zu den Problemen, mit denen sie einst umzugehen hatten und die heute im Sprechzimmer des Arztes erörtert werden, gehören Suchtstörungen wie zum Beispiel Alkoholismus oder Drogenmißbrauch, gehört Fettleibigkeit ebenso wie die Sorgen, die sich gesunde Menschen machen (und die einen großen Teil der medizinischen Alltagspraxis ausmachen), gehören bestimmte Formen körperlicher Gewalt (etwa gegen Frauen oder Kinder), Existenzkrisen, unerfüllter Kinderwunsch oder zu viele Schwangerschaften, die Unzufriedenheit mit dem Berufs- oder Liebesleben, Bettnässen, Abweichungen von der sexuellen Norm und sexuelle Störungen, Anorexia nervosa, geistige oder körperliche Erschöpfung, Schwierigkeiten in der Beziehung zu anderen Menschen, die Unfähigkeit, dem Leben einen Sinn abzugewinnen und das Unglücklichsein im allgemeinen. Selbst eine Schwangerschaft wird – in der Praxis – als eine neunmonatige Krankheit betrachtet, die den Frauen mancherlei Einschränkungen auferlegt und am Ende vielfach einen chirurgischen Eingriff erfordert.

In der Sowjetunion unter Stalin wurde auf Beschluß des Zentralkomitees Unzufriedenheit als augenfälliges Symptom einer Geisteskrankheit angesehen. Politische Dissidenten wurden zu „Patienten" erklärt und in einer Nervenklinik kaltgestellt oder liquidiert. Der Glaube, die soziale oder politische Situation ändern oder verbessern zu müssen, wurde als „latente Schizophrenie" definiert, zu deren Behandlung es der Einweisung in eine psychiatrische Klinik bedurfte. Im China Maos wurde Geisteskrankheit als politisches Problem betrachtet, und maoistischen Politikern wurde die Aufgabe zugewiesen, sich um Psychotiker zu kümmern, deren Verhalten von der Norm abwich (wir wissen nicht genau, ob sich dies in letzter Zeit verändert hat). Der Psychotiker wurde als ein Mensch wahrgenommen, der – zumindest unbewußt – ein Klassenfeind war, der Kritik und Selbstkritik benötigte, um politisch aktiv und damit gesund zu werden.

In der westlichen Welt tun wir dasselbe, beschränken uns dabei jedoch im allgemeinen auf Kinder, die noch kein Stimmrecht haben. Diejenigen Kinder, die sich gegen unzureichenden Unterricht und unzureichende pädagogische Theorien auflehnen, werden an den medizinischen Teil der Gesellschaft überwiesen, damit sie mit Hilfe von Medikamenten wieder auf den richtigen Weg gebracht werden. Man meint, Medikamente wie zum Beispiel „Ritalin", könne sie von ihrem Widerstand gegen ein katastrophales Erziehungssystem heilen.

Was den Einsatz von Medikamenten zur Behandlung „hyperaktiver" Kinder angeht (das heißt von Kindern, die nicht in unser Schulsystem passen), so wird eine vergleichbare Strategie auch von zumindest einem Naturvolk eingesetzt: Die südamerikanischen Jivaro-Indianer (eine der feindseligsten und aggressivsten Gesellschaften, die jemals entdeckt wurden) geben einem Kind, das sich dauerhaft danebenbenimmt, unter Zwang eine stark wirkende Droge namens Datura, die Halluzinationen erzeugt. Die dahinterstehende Theorie lautet, daß die Droge das Kind in die Lage versetze, die „Wirklichkeit" richtig wahrzunehmen. Es werde dann beginnen, sich angemessen zu verhalten. Worin dieser Ansatz sich von dem unseren unterscheidet (abgesehen von der Wahl des Mittels), entzieht sich meiner Kenntnis.

Ärzte müssen heute auch darüber entscheiden, wer in der Lage ist, ein Auto zu steuern, wer seinem Arbeitsplatz fernbleiben darf, wer einwandern oder Soldat werden darf, wer richtig von falsch unterscheiden kann, wer Risiko läuft, für sich selbst oder andere zur Gefahr zu werden oder wer derart hoffnungslos erkrankt ist, daß der Einsatz weiterer lebenserhaltender Maßnahmen sich nicht mehr lohnt. Sie entscheiden, wer nicht mehr in der Lage ist, sich um seine eigenen Angelegenheiten zu kümmern, wer als erster ein verfügbares Organ transplantiert bekommt und wer noch warten muß. Ist es angesichts dieser Anforderungen und der Ausbildung, die Ärzte heute erhalten, ernsthaft verwunderlich, daß ein so hoher Prozentsatz von Ärzten eine Herzattacke erleidet, drogenabhängig ist oder Selbstmord begeht? (In den Vereinigten Staaten ist Suizid unter Medizinstudenten die zweithäufigste Todesursache. Sie tritt bei Medizinern häufiger auf als der Tod durch Autounfälle oder Flugzeugunglücke, Mord und Ertrinken zusammengenommen. Mindestens ein Drittel der Zeit, die Ärzte im Laufe ihres aktiven Berufslebens, als Gruppe gesehen, als Patienten in einer Klinik verbringen, geht auf das Konto von Drogen- oder Alkoholmißbrauch.)

Ärzte haben inzwischen die Macht, die „Krankheit", an der wir „leiden" (das heißt das Gefühl, krank zu sein), zu legitimieren, indem sie uns zugestehen, daß wir tatsächlich eine Krankheit haben. Sie haben außerdem die Macht, uns diese Legitimation zu verweigern. Falls Sie nicht auf die richtige Art krank sind und die richtigen Symptome aufweisen, werden Sie als Hypochonder abklassifiziert, als Simulant (wenn Sie den Eindruck erwecken, sich einen finanziellen Vorteil verschaffen zu wollen) oder als Neurotiker. Die Strafe für die falsche Art und Weise des Krankseins reicht von sozialer Ächtung bis hin zur Aberkennung einer Arbeitsunfähigkeitsrente. Die Strafen, die in der Armee oder im Gefängnis verhängt werden, wenn jemand in nicht korrekter Weise krank ist, sind allgemein bekannt.

Die Definition dessen, was Medizin ist, stammt aus dem 19. Jahrhundert und besitzt in den medizinischen Schulen unserer Zeit unverminderte Geltung. Sie lautet: „Die Medizin ist diejenige Wissenschaft, die sich mit der Vorbeugung und Heilung von Krankheiten befaßt." Das als maßgeblich geltende medizinische Wörterbuch „Stedman's Medical Dictionary" definiert Krankheit als „Morbus, Krankheit, Erkrankung. Die Unterbrechung oder Störung der Funktion eines Organs, eine krankhafte Gewebeveränderung oder ein anormaler Zustand des gesamten

Körpers, der über kurze oder längere Zeit andauert." Das sind die
Dinge, für die der Arzt ausgebildet ist, und es ist im wesentlichen alles, wofür er ausgebildet ist.

In jedem Berufsstand findet sich ein gewisses Ausmaß an
„Ethnozentrismus". (George Bernard Shaw hat geschrieben: „Jeder Berufsstand ist eine Verschwörung gegen den Laien.") Der
Rechtsanwalt opfert eine weite Perspektive auf die Menschen
der Konzentration auf die Fragen, die mit Besitz und Unrecht zusammenhängen. Der Kleriker opfert sie der Heiligkeit, der Aka-
demiker dem Lernen, der Koch dem Essen, und der Arzt opfert
sie der Krankheit und ihrer Behandlung. Die Bevölkerung wird
aus der Perspektive eines Spezialisten betrachtet, und ihre
Handlungen werden unvermeidlich im Lichte dieser Perspektive interpretiert, nicht aus einem übergeordneten Blickwinkel.

Ärzte sind dazu ausgebildet, Krankheiten zu erkennen, und
so können sie oft gar nicht anders, als tatsächlich nur Krankheit
zu sehen, ohne ein Auge für die normale Funktionsweise zu haben. Individuelle Unterschiede in Funktion und Verhalten werden viel zu schnell als pathologisch eingestuft. In einer Studie
hatten acht scheinbare Patienten sich freiwillig in psychiatrische Behandlung begeben, indem sie angaben, sie würden Stimmen hören. Anschließend verhielten sie sich völlig normal. Das
gesamte Klinikpersonal war jedoch weiterhin davon überzeugt,
es mit „Schizophrenen" zu tun zu haben, wie es auf der Karteikarte eingetragen war, die bei der Aufnahme in die Klinik ange-
fertigt wurde. Daß die Symptome einer Psychose fehlten, wurde
nicht bemerkt. Das Personal schien nicht in der Lage zu sein,
normales Verhalten bei Patienten zu erkennen, obwohl die anderen Patienten durchaus den Verdacht hatten, es würde sich
um eine Täuschung handeln. Ein Experiment, das mit erfahrenen Psychiatern durchgeführt wurde, erbrachte nahezu dasselbe Ergebnis.

Aufgrund der inzwischen fest etablierten Einstellung, daß
Gesundheit die Abwesenheit von Krankheit ist und daß der Arzt
gegen jedes Problem aktiv „etwas unternehmen" muß, haben
Ärzte und Patienten sich gleichermaßen in eine sehr schwierige
Situation gebracht. Aufgabe des Arztes ist es, das Problem „in

Ordnung zu bringen", und die Verantwortung liegt bei ihm, nicht beim Patienten. Wenn wir mit einem gesundheitlichen Problem zum Arzt gehen, tun wir dies im wesentlichen mit derselben Einstellung, wie wenn wir unser Auto in die Werkstatt bringen. „Er springt morgens nicht gut an", sagen wir, „bitte bringen Sie das in Ordnung". Wir erwarten vom Mechaniker, daß er sich in Bewegung setzt und körperlich etwas unternimmt, nicht, daß er dem Auto sagt, daß es seine Einstellung oder seinen Besitzer ändern muß oder daß es nun mal ein Oldsmobile sei, bisher jedoch gelebt habe wie ein Buick, nur weil Buicks zum „Auto des Jahres" erklärt worden seien. Wir erwarten nicht vom Mechaniker, daß er uns erklärt, das Auto habe die Fähigkeit, sich selbst in Ordnung zu bringen und daß es an uns sei herauszufinden, wodurch diese Fähigkeit beeinträchtigt sei. Wenn er es nicht schafft, das Auto in Ordnung zu bringen, bezeichnen wir ihn als unfähig und suchen uns einen anderen Mechaniker, der uns das Auto repariert.

Wenn wir mit derselben Einstellung unseren Arzt aufsuchen, dann zwingen wir ihn, „etwas" gegen das Problem zu „unternehmen". Das Ergebnis besteht darin, daß der Patient die Praxis mit einem Rezept in der Tasche verläßt und nicht selten zuviel verschrieben bekommt. Manchmal werden auch vollkommen unnötige chirurgische Eingriffe vorgenommen. Dies passiert, weil wir uns selbst als Maschinen betrachten, die in Ordnung gebracht werden müssen, anstatt als Organismen, die es zu hegen und zu pflegen gilt wie einen Garten.

Ein Gärtner hat eine ganz andere Einstellung. Wenn mit der Entwicklung einer Pflanze etwas nicht stimmt, dann untersucht er die gesamte Umgebung, in der die Pflanze lebt und auf die sie reagiert. In welcher Wechselwirkung stehen die genetisch festgelegten Bedürfnisse der Pflanze und ihre Umgebung? (Bei Menschen nennen wir diese Wechselwirkung „Lebensweise".) Dann wird der Gärtner bestimmen, was die Pflanze braucht – ob mehr oder weniger Sonne, Mineralien, eine ausgewogene Düngung, ausreichend Platz und so weiter. (Auf den Menschen angewandt: Welchen seiner körperlichen, geistigen, zwischenmenschlichen oder spirituellen Bedürfnissen wird zu viel zu wenig oder auf die falsche Art und Weise Genüge getan?) Der Gärtner beschäftigt sich mit der Ganzheit, die der Organismus Pflanze und seine Umgebung bilden. Der Mechaniker bringt einzelne Teile in Ordnung, die nicht funktionieren. Daraus wird klar, daß gegenüber menschlicher „Gesundheit" und „Krankheit" zwei verschiedene Einstellungen erforderlich sind. Obwohl einzelne besonders weise und erfahrene Fachleute beide Sichtweisen in sich vereinigen mögen, ist absehbar, daß wir für die Zukunft zwei Sparten von Fachleuten benötigen, die zusammenarbeiten.

Eine Maschine ist „krank", wenn sie nicht richtig funktioniert und ein Mechaniker benötigt wird, der sie wieder in Ordnung bringt. Sie ist „gesund" wenn sie einwandfrei läuft. Auf ähnliche Weise wird in der westlichen Kultur über alle Definitionsgrenzen und Uneinigkeiten hinweg ein Mensch als krank verstanden, wenn er einen Arzt benötigt, und als gesund, wenn dies nicht der Fall ist. Die moderne Definition versteht Gesundheit als Abwesenheit von Krankheit. Wenn Sie bei der gegenwärtigen Diskussion um das „Gesundheitswesen" genauer hinhören, so wird ihnen auffallen, daß dieses Wort lediglich das System beschreibt, das dafür sorgt, daß ein von der Gesellschaft als „krank" eingestufter Mensch in ärztliche Behandlung gelangt. Es gibt eigentlich kein umfassendes „Gesundheitswesen", sondern nur Verbindungssysteme zwischen kranken Menschen und Ärzten.

Ein Beispiel für die mechanistische Sichtweise ist, daß „mangelnde Leistung" als etwas angesehen wird, das wieder hergestellt werden muß – bei „Leistungsüberschuß" ist das nicht der Fall. Eine Maschine benötigt eine Reparatur, wenn sie nicht genug leistet, nicht, wenn sie zuviel leistet.

Jeder Gärtner und jeder Bauer weiß jedoch, daß dies für lebende Organismen nicht gilt. Wenn eine Pflanze über ihr optimales Wachstum, ihre optimale Wachstumsgeschwindigkeit und ihre optimale Größe hinausschießt, dann ist dies ein Zeichen dafür, daß etwas nicht stimmt und daß die Pflanze in Gefahr ist einzugehen. Zuviel Leistung wird bei einer Pflanze als Problem betrachtet – nicht aber bei einem Menschen oder einer Maschine.

Wenn ein Arzt den Körper seines Patienten als eine Maschine betrachtet, die mit zunehmendem Alter immer mehr verschleißt und bestimmte Symptome dem Alter zuschreibt, oder wenn er etwas so Idiotisches sagt wie: „Was erwarten Sie eigentlich – in Ihrem Alter? Sie sind nun mal nicht mehr der Jüngste!", dann verstärkt er im Patienten das Gefühl, immer weniger Kontrolle zu haben. Es entsteht ein Gefühl der Ohnmacht, und man ergibt sich in einen scheinbar unerbittlich voranschreitenden Prozeß. Damit wird das Gefühl der Hilflosigkeit beim Patienten jedoch verstärkt. Es schwächt sein Vermögen, darum zu kämpfen, wieder Kontrolle über sein Leben zu gewinnen. Wenn Sie etwa einem Maler erzählen, seine Bilder würden mit der Zeit immer mehr verblassen und der Nachwelt schließlich verlorengehen, dann hätten Sie damit zwar vermutlich recht. Sie würden ihn aber nicht in seiner Kreativität unterstützen.

Eine sinnvollere Antwort des Arztes könnte etwa so lauten: „Lassen Sie uns sehen, was sich machen läßt, um die Auswirkungen dieses Symptoms abzuschwächen, wenn wir es schon nicht vollständig zum Verschwinden bringen können. Wir wollen auch sehen, wie sich Ihr gesamtes Leben verbessern läßt, so daß es wieder neuen Reiz für Sie gewinnt." Eine derartige Antwort verstärkt beim Patienten das Gefühl, daß er ein menschliches Wesen ist. Er hat die Kontrolle über sein Leben wiedergewonnen.

Oft sagen Ärzte zu ihren Patienten auch: „Es hängt eine Menge von Ihrer Einstellung ab." Normalerweise ist damit gemeint: „Wenn Sie ein guter Patient sind und tun, was ich sage und keine unbequemen Fragen stellen, dann machen Sie es mir viel einfacher, und ich brauche mich mit Ihnen nicht als mit einem Menschen auseinanderzusetzen, der leidet." Ein schwer an Krebs erkrankter Patient machte die Beobachtung, daß alle seine Ärzte betonten, wie wichtig seine Einstellung sei, sich jedoch extrem unwohl zu fühlen schienen und das Thema wechselten, wenn er oder jemand aus seiner Familie Dinge wie Beten, Selbsthilfegruppen, die Heilkraft der Seele, Meditation oder Psychotherapie ansprachen – Dinge also, die man tut, um seine Einstellung zu verändern. Im großen und ganzen sind Ärzte, die eine positive Einstellung betonen, nicht besonders glücklich mit Techniken, die eine solche Einstellung unterstützen sollen – es sei denn, es bleibt an der Oberfläche. Aus diesem Grund wird Carl Simonton, der seinen Krebspatienten Meditation ebenso verschreibt wie die „klassische" medikamentöse Behandlung (er ist approbierter Radiologe), von anderen Krebsspezialisten vielfach abgelehnt. Seine Methoden verstoßen gegen ihre Grundannahmen: Sie betrachten Krebs als maschinelles Problem, und es erscheint ihnen verquer und ärgerlich, sich mit den Einstellungen oder dem Geist einer Maschine zu befassen. Dasselbe gilt für die Einstellung vieler Ärzte ihren Kollegen aus der Psychiatrie gegenüber. Sie glauben, daß ein Psychiater, sobald er mehr tut als nur Medikamente zu verschreiben, das Gebiet der „eigentlichen Medizin" verläßt, daß er nicht mehr wissenschaftlich arbeitet (das heißt im Einklang mit dem physikalisch-mechanistischen Modell des 19. Jahrhunderts) und sich im Bereich wolkiger Unbedeutsamkeiten bewegt.

Jeder erfahrene Arzt weiß, daß es ein tödliches Symptom ist, wenn ein schwerkranker Patient etwa sagt: „Es ist mir egal, ob es mir wieder besser geht. Das Leben bedeutet mir nicht sonderlich viel." Umgekehrt weiß der Arzt auch um die Bedeutung des Lebenswillens und um diejenige der allgemeinen Lebensführung eines Menschen für den Ausgang der Krankheit. Darüber hinaus hat er in vielen Fällen schon miterlebt, wie vorschnelles Sich-Ergeben zu einer Verschlechterung des Zustandes und zum Tod führte, und daß Kinder, die nicht genügend Zärtlichkeit und Liebe erfahren, viel häufiger an diversen Erkrankungen sterben als andere. Aufgrund ihrer mechanistischen Ausbildung neigen Ärzte jedoch dazu, sich bei Methoden, die die Lebensführung der Patienten einbeziehen, extrem unwohl zu fühlen. Die Psychiatrie wird als eine der „echten" Medizin unterlegene Sparte betrachtet; Meditation und Gebet werden schlimmstenfalls als eine Art Aberglauben oder bestenfalls als Beschäftigungstherapie verstanden. Daher neigt der Arzt dazu, die weiterreichende Bedeutung so bekannter und wichtiger Symptome wie die oben angeführten zu ignorieren, denn sie passen nicht in sein gewohntes Denksystem. Ärzte verschreiben sich ebenso wie andere Menschen mitunter der Maxime: „Wenn etwas nicht mit deiner Theorie übereinstimmt, dann kehre es unter den Teppich, damit man es nicht mehr sieht."

Eine Patientin beschrieb ihre Empfindungen angesichts der mechanistischen Einstellung ihres Arztes sehr gut. Ihr war ein Angiogramm verordnet worden – eine Untersuchung, bei der ein langer, dünner Schlauch in der Leiste in eine Arterie eingeführt und bis ins Herz hinaufgeschoben wird, so daß das Herz und die umgebenden Arterien mit Hilfe eines Kontrastmittels abgebildet werden können. Als man der Patientin diesen Vorgang erklärte, verspürte sie eine gewisse Angst – Ihnen und mir würde es nicht anders ergehen – und äußerte den Wunsch, mit dem Spezialisten zu sprechen, der die Prozedur durchführen sollte. Ihr Kardiologe sagte: „Es ist nicht notwendig, daß Sie die Person kennenlernen, die die Behandlung durchführen wird. Wir sind hier alle gute Techniker." Die Patientin antwortete: „Aber ich bin kein Auto."

Ein Teil des Gärungsprozesses, der innerhalb der westlichen Medizin gegenwärtig abläuft, besteht in dem starken und um sich greifenden Bedürfnis, traditionelle Konzepte und Definitionen neu zu überprüfen. So etablieren sich in Amerika „ganzheitlich" und „humanistisch" arbeitende Mediziner. Viele medizinische Laien lehnen die Schulmedizin ganz oder teilweise ab und versuchen, Erkrankungen und gesundheitliche Probleme mit einem weiten Spektrum von Techniken zu behandeln, von denen einige gut durchdacht und sorgfältig ausgearbeitet, andere hingegen ausgemachter Unsinn sind. Dazu gehören Ernährung, Homöopathie, die hochdosierte Einnahme von Vitaminen, Gesänge, Meditation, Fußmassage, eine Craniosakraltherapie, das Tragen von Edelsteinen oder Kupferarmbändern, während man sich unter pyramidenförmige Aufbauten setzt, Aktivierung seelischer Heilkräfte, Akupunktur, Yoga und viele andere Dinge. Manche Menschen lehnen die Schulmedizin inzwischen so wütend ab, daß sie das „erste Theorem" der Psychiaters Jules Eisenbud vergessen haben: „Die bloße Tatsache, daß eine Idee von der modernen Wissenschaft verworfen wurde, bedeutet noch nicht, daß diese Idee an sich richtig ist."

Der antike griechische Historiker Herodot beschreibt ein Experiment, das in einer persischen Stadt vorgenommen wurde, die er besuchte. Ein Jahr lang verfolgte die Stadtregierung die Entwicklung aller Patienten, die sich in ärztlicher Behandlung befanden. Dann wurden die Ärzte für ein Jahr der Stadt verwiesen, und im Zentrum der Stadt wurde eine schattige Säulenhalle gebaut. Alle Kranken sollten sich jeden Tag dorthin begeben oder sich von ihren Angehörigen dorthin bringen lassen. Die Vorübergehenden wurden ermutigt, sich mit den Patienten über ihre Symptome zu unterhalten und ihre eigene Meinung dazu kundzutun. Die Erfahrungen anderer, die unter denselben Symptomen litten, wurden ebenfalls besprochen, ebenso die Anstrengungen, die zu ihrer Heilung unternommen worden waren. Die Patienten durften jeden Rat befolgen, der ihnen sinnvoll erschien. Am Ende des Jahres verglich die Stadtregierung die Ergebnisse, die die beiden Probejahre jeweils erbracht hatten (möglicherweise handelte es sich dabei um die erste „kontrollierte" Studie der überlieferten Geschichtsschreibung) und entschied, daß die Ärzte auch weiterhin der Stadt fernzubleiben hatten!

In ihrem Ärger und ihrer Desillusionierung, was die moderne Medizin angeht, würden viele Menschen diese Idee der alten Perser wahrscheinlich für gut befinden. Jeder allerdings, der einen vergleichenden Blick auf die Sterblichkeitsrate im persischen Reich (und in jeder anderen Gesellschaft vor unserer modernen) und in heutiger Zeit wirft, würde schnell erkennen, daß es sich dabei um einen Irrtum handelt.

Die Revolution innerhalb der westlichen Medizin reicht viel weiter, als man gemeinhin wahrnimmt. Ärzte und Pflegepersonal beschäftigen sich mit der Heilkraft der Seele. Angesehene medizinische Fachzeitschriften veröffentlichen Artikel dazu, wie man sich gesundlachen kann, und das „Walter Reed Army Medical Center" hält Seminare zu ganzheitlichen und humanistischen Ansätzen innerhalb der Medizin ab. Selbst die eisernen Bastionen traditioneller Medizin hinterfragen ihre eigenen Grundannahmen und probieren Neues aus.

Um zu verstehen, was derzeit in der Medizin vorgeht, ist es notwendig, sich einem seit mindestens 2500 Jahren schwelenden grundlegenden Konflikt zuzuwenden: der Frage, wie der Arzt in erster Linie behandeln sollte. Sollte er aktiv und unter Anwendung von Zwang intervenieren, wenn ein Patient krank ist; sollte er operieren und starke Medikamente verordnen, um die Krankheit zu besiegen? Oder sollte er nach Möglichkeiten suchen, die natürlichen Heilungskräfte des Patienten zu unterstützen? Sollte er sich also primär wie ein Mechaniker verhalten und den kranken Körper reparieren, oder sollte er sich eher als Gärtner verstehen und dem Körper helfen, die Krankheit langsam zu überwinden und allmählich wieder gesund zu werden?

Es wäre unsinnig zu behaupten, daß der Arzt jeweils nur das eine oder nur das andere sein sollte. Ganz eindeutig brauchen wir beides. Selbst ein äußerst mechanistisch ausgerichteter Chirurg ist sich dessen bewußt, daß die beste Naht der Welt nichts weiter vermag als die Ränder einer Wunde zusammenzuhalten. Die Wunde selbst heilt, indem die Selbstheilungskräfte des Patienten sie schließen. Selbst der glühendste Anhänger einer „natürlichen Heilung" würde zugeben, daß im Falle einer verletzten Arterie, aus der das Blut spritzt, ein sofortiger chirurgischer Eingriff erforderlich ist.

In der Medizin kann man nicht dem einen oder anderen Extrem folgen. Auf welcher Richtung der Hauptakzent liegt, ist jedoch sehr wichtig, und die Auseinandersetzungen darum sind seit Hippokrates nie zum Stillstand gekommen. Tatsächlich gibt uns Hippokrates die erste klare Entscheidung für einen der beiden Ansätze, die uns überliefert ist. Für Hippokrates hatte Krankheit zwei Bestandteile: das Leiden (pathos) und die Bemühungen des Körpers um Heilung (ponos), und er war der Auffassung, daß der Arzt sich in erster Linie um ein Verständnis und eine Beförderung von ponos zu bemühen hatte. Maimonides, ein Arzt des 12. Jahrhunderts, schrieb dazu:

> Wir wissen bereits von Galen, daß die alten Griechen, wenn sie sich im Zweifel darüber waren, wie bei einer bestimmten Krankheit zu verfahren sei, nichts unternahmen und der Natur ihren Lauf ließen. Das hielten sie für ausreichend, um alle Krankheiten zu heilen. ... Und es trifft zu, daß der Arzt der

Natur helfen sollte, daß er sie unterstützen und ihr in allem folgen sollte.

Zur Zeit der Römer setzte sich die Auseinandersetzung zwischen denjenigen, die (in der Nachfolge von Hippokrates) an die Heilungskräfte des Körpers glaubten und daran, daß der Arzt mit diesen Kräften zusammenarbeiten sollte und denjenigen, die diese passive Haltung für nutzlos, für eine bloße „Meditation über den Tod" hielten und ein aktives Eingreifen befürworteten (den Nachfolgern des Asclepiades von Bithynia) fort – man argumentierte heftig und schmähte sich gegenseitig.

Die Vorstellung, daß vieles von dem, was als „Krankheit" wahrgenommen wird, auf die Selbstheilungsaktivitäten des Körpers zurückzuführen ist, ging nach der klassisch-antiken Periode nicht verloren. Sie kennzeichnet auch die mittelalterliche Einstellung. So ging man gemäß der „Humoralpathologie" (der seinerzeit vorherrschenden medizinischen Theorie) davon aus, daß Krankheiten auf den Überschuß eines der vier „Körpersäfte" zurückzuführen seien, und daß immer dann, wenn ein solcher Überschuß eintrete, körpereigene Selbstheilungskräfte von selbst in Aktion treten würden. Diese Heilungskräfte ließen dann zum Beispiel die Körpertemperatur ansteigen, um so den Überschuß eines der Säfte „auszukochen" und dann das Gekochte vom nicht Gekochten zu trennen. Der Arzt kooperierte mit diesen Selbstheilungskräften. Er verabreichte zum Beispiel erwärmende Getränke und verordnete, daß der Patient äußerlich warmzuhalten sei, um den Vorgang des Kochens zu unterstützen. Anschließend half er dem Körper dabei, den gekochten Überschuß auszuscheiden, indem er Abführmittel und Brechmittel verabreichte und den Patienten zur Ader ließ. Aus der Sicht des Arztes bestand also jede Krankheit in einem Prozeß, zu dessen Regulierung er beitragen konnte, indem er mit den Selbstheilungskräften des Patienten zusammenarbeitete.

Laut Paracelsus, einem Arzt des 16. Jahrhunderts, „ist der Mensch sein eigener Arzt und findet Kräuter zu seiner Heilung in seinem eigenen Garten. Der Arzt sind wir selbst, und in unserer eigenen Natur liegt alles, dessen wir bedürfen."

Die Medizin war damals gespalten in die Anhänger Galens, zu denen auch Paracelsus gehörte. Diese bevorzugten pflanzliche Arzneimittel, die die Heilungsbemühungen des Körpers unterstützen sollten. Daneben gab es die „spagyrischen" Ärzte, die den Einsatz von chirurgischen Eingriffen, von Brenneisen und chemischen Arzneimitteln befürworteten, um aktiv in den Verlauf der Krankheit einzugreifen. Die Bezeichnungen, mit denen jede dieser beiden Gruppierungen die jeweils andere bedachte, erinnern sehr stark an den heutigen Streit zwischen „ganzheitlicher" Medizin und „Schulmedizin".

Als die Kirche im 17. Jahrhundert das Sezieren des menschlichen Körpers zu medizinischen Zwecken gestattete, leistete sie einer Idee Vorschub, die sich seinerzeit in der Philosophie bereits entwickelt hatte: der Vorstellung, daß Geist und Körper getrennt voneinander existierten und also auch getrennt voneinander betrachtet werden sollten. Die Grundlage für den cartesianischen Dualismus unserer Zeit wurde damit deutlich verstärkt. Der Körper des Menschen sollte von Pathologen seziert und untersucht werden; Seele und Geist verblieben im Zuständigkeitsbereich der Theologie und Philosophie. Da Geist und Körper von der Kirche getrennt worden waren, und da die Wissenschaft zu jener Zeit mechanistisch orientiert war, setzte sich der Glaube fest, daß der Körper selbst eine Maschine sei. Krankheit ist dann die Konsequenz, wenn die Maschine defekt ist. Es wurde zur Aufgabe des Arztes, diesen Defekt wieder zu reparieren.

Zunehmend übernahm die Medizin die Auffassung, daß der Arzt aktiv einzugreifen und die Krankheit zu besiegen habe. Die Vorstellung von den Selbstheilungskräften des Körpers ging nach und nach verloren. Einige Ärzte versuchten, diesen älteren Standpunkt wiederzubeleben oder doch beide Auffassungen miteinander zu verbinden, waren jedoch nicht erfolgreich.

Ärzte verstanden sich als Feinde des Krankheitsprozesses und sahen ihre Aufgabe darin, sich gegen ihn zu wappnen. Ihr Wissen und ihre Ausrüstung waren jedoch nach wie vor kärglich und ineffektiv, und weder sie selbst noch diejenigen, die „natürliche" Heilmethoden befürworteten, waren in der Lage, allzuviel Gutes zu bewirken. Keine der beiden Schulen verfügte über ein ausgedehntes Wissen. Und – was schlimmer war – das meiste von dem, was sie für gesichertes Wissen hielten, war falsch. Beide Schulen sind für den Tod vieler Menschen verantwortlich. Die „Naturopathen" gehorchten wohl zu einem sehr viel höheren Grade dem „ersten Gesetz" des Hippokrates (Primum non nocere: Vor allem richte keinen Schaden an), weil sie weniger aggressiv vorgingen und mit schwächeren Mitteln arbeiteten. Vielleicht ist dies der Grund dafür, daß im frühen 19. Jahrhundert die Öffentlichkeit diesen Ansatz vorzuziehen begann.

Damals stand auf der einen Seite die „Volksgesundheitsbewegung" (PHM = „Popular Health Movement"), auf der anderen Seiten die Schulmediziner. Die PHM verwendete mehrheitlich pflanzliche Heilmittel und Kräuteressenzen und griff die Schulmediziner wegen ihrer „barbarischen" Behandlungsmethoden, ihrer Honorarforderungen und ihrer „Arroganz" an. Ihr Anliegen war es, „die Medizin wieder in die Hände des Volkes" zu legen – jeder Mensch sollte „sein eigener Arzt sein", zum Teil mit Hilfe von „Samuel Thompsons Botanischem Versicherungsverein". Auf der Gegenseite standen viele führende Mediziner wie zum Beispiel der Franzose F. J. V. Broussais, der glaubte, nur aktive Maßnahmen könnten den Körper heilen, weil dieser nicht über eigene Heilungskräfte verfüge. Letztendlich waren die PHM und ihre Verbündeten so erfolgreich, daß in den USA ein Bundesstaat nach dem anderen seine Zulassungsvorschriften für Ärzte aufhob, so daß im Jahre 1849 nur New Jersey und der Distrikt Columbia noch über derartige Gesetze verfügten. Jedermann konnte ein Schild aufhängen, auf dem er sich als „John Jones – Arzt" oder „Mary Jones – Ärztin" ausgab. Es hatte den Anschein, als sei der Ansatz des aktiven Eingreifens, um die Krankheit zu besiegen, vernichtend geschlagen worden.

Seinerzeit waren auch viele Schulmediziner der Auffassung, daß die Medizin über einen breiteren Ansatz verfügen sollte als denjenigen, den die Schulmedizin damals bot. Benjamin Rush, der leitender Militärarzt der „Kontinentalen Armee" war (und zu den Unterzeichnern der Unabhängigkeitsurkunde gehörte), schrieb:

Die Konstitution dieser Republik sollte die medizinische Freiheit ebenso in einem gesonderten Artikel festschreiben wie die Religionsfreiheit. ... Die Heilkunst auf eine bestimmte Gruppe von Menschen zu beschränken und anderen gleiche Privilegien zu verweigern, würde bedeuten, eine Art Bastille der medizinischen Wissenschaft zu errichten. Jedes derartige Gesetz ist unamerikanisch und despotisch.

Im Laufe der nächsten Jahrhunderthälfte kehrte sich das Bild jedoch vollständig um. Es waren vor allem zwei Errungenschaften, die das Vermögen der Ärzte, erfolgreich in den Verlauf einer Krankheit einzugreifen und sie zu heilen, maßgeblich beförderten. Dabei handelte es sich zum einen um die Theorie von den Krankheitserregern und die nachfolgende Einführung antiseptischer Operationstechniken, zum anderen um die Verbindung der Medizin mit dem neuen Fach Chemie. Beides führte dazu, daß die Kontrolle über Krankheiten, die bis dahin meist tödlich verlaufen waren, dramatisch zunahm. Übertragbare und ansteckende Krankheiten wie Tuberkulose, Pocken und Typhus wurden größtenteils beherrschbar. Die revolutionäre Verbesserung der sanitären Verhältnisse im späten 19. Jahrhundert spielte ebenfalls eine maßgebliche Rolle: Die Wasserversorgung wurde verbessert, Wohnungsgesetze wurden erlassen, und Leinenunterwäsche erfreute sich zunehmender Beliebtheit (sie war deutlich besser zu waschen als die alte wollene Unterwäsche und wurde daher häufiger gewechselt). Darüber hinaus spielte Reinlichkeit im öffentlichen Bewußtsein eine größere Rolle. Die Entwicklung von Impfungen und einer Reihe weiterer medizinischer Techniken war ebenfalls von großer Bedeutung. Krankenhäuser waren bis dahin Orte gewesen, an denen man wahrscheinlich einer Infektion erlag, wenn man nicht ohnehin an der Krankheit starb, um derentwillen man sich dorthin begeben hatte. Nun wurden sie zu Orten, an denen die Vorteile eines Aufenthaltes die Risiken deutlich überwogen.

Der Konflikt zwischen den Anhängern Galens und den Spagyrikern, der im 17. Jahrhundert begonnen hatte, flammte im 20. Jahrhundert erneut auf, als den Arzneimittelherstellern klar wurde, welche enormen Vorteile chemische Medikamente boten. Anders als Naturheilmittel konnten sie patentiert werden. Die Entwicklung der Chemie hatte eine synthetische Nachahmung vieler natürlicher Wirkstoffe im Labor möglich gemacht. Die Medikamente wurden auf diese Weise nicht nur besser standardisiert, sondern konnten auch patentiert werden. Sie wurden damit zu einer hervorragenden Einnahmequelle. Arzneimittelhersteller versuchten nun mit beträchtlichem Werbeaufwand, die Bevölkerung davon zu überzeugen, daß die chemisch hergestellten Produkte den natürlichen überlegen seien. Ihre Bemühungen waren überwiegend erfolgreich. In den Medizinschränken wichen die pflanzlichen Produkte allmählich ihren synthetisch hergestellten Entsprechungen.

Seit 1800 basierte die Schulmedizin hauptsächlich auf einer sehr alten Vorstellung, die als die Lehre der Gegensätze bekannt ist. Diese Vorstellung ist so einfach und leicht einsehbar, daß sie zu einem Grundbestandteil des gesunden Menschenverstandes geworden ist. Jemand, der diese Idee hinterfragt, wird für einfältig oder fanatisch gehalten.

Der medizinische Autor Brian Inglis beschrieb diese Lehre einfach wie folgt: „... wenn der Körper abweichend von seiner normalen Funktion arbeitet, sollte einfach ein entgegengesetztes Verfahren angewendet werden. Wenn also jemand etwa unter Verstopfung leidet, dann sollte man ihm ein Abführmittel verabreichen; würde er unter Fieber leiden, so würde man versuchen, ihn zu kühlen usw."

Als man herausfand, daß viele Erkrankungen durch Keime mitbedingt sind, schien diese Vorstellung bestätigt zu werden. Sofern es gelang, die Keime zu beseitigen, konnte die Krankheit geheilt werden. Wenn ein Patient unter einer Abweichung vom Normalen litt – der Anwesenheit bestimmter Bakterien – dann hatte der Arzt diese Bakterien lediglich zu bekämpfen und zu vernichten, und die Krankheit würde geheilt sein.

Dieses Konzept hat zweifellos in vielen Bereichen einen enormen Fortschritt gebracht. Viele Krankheiten bedrohen uns nun nicht mehr. Es hat jedoch zwei wichtige Faktoren aus den Augen verloren: Erstens die Selbstheilungskraft jedes Patienten und die

Tatsache, daß viele Symptome (als Abweichungen vom Normalzustand) Resultat der Heilungsbemühungen des Körpers sind – des hippokratischen ponos. Zweitens, daß viele Patienten, in deren Organismus die Bakterien vorhanden sind, nicht erkranken, das heißt, daß das monokausale Erklärungsmodell der Krankheit falsch ist, auch wenn es mitunter fruchtbare Ergebnisse bringt.

Ein Grund dafür, daß wir das monokausale Erklärungsmodell der Krankheit (jede Krankheit ist auf eine Ursache zurückzuführen – einen Erreger, ein Virus usw.) aufrechterhalten, besteht darin, daß es die Dinge vereinfacht und den Umgang mit Problemen erleichtert. Und wir Menschen ziehen die einfacheren Erklärungen und Ansätze bei weitem vor. Im Jahre 1979 brach in den Slums von Neapel eine Epidemie aus; Kinder, die in diesen Slums lebten, starben an einer grassierenden Virusinfektion. Alle waren sich darin einig, daß nur die Slumkinder starben. Die zuständigen Experten in Neapel setzen sich unverzüglich mit dem Zentrum für ansteckende Krankheiten in Atlanta in Verbindung, um die Suche nach einem Impfstoff in Gang zu bringen. Stellen Sie sich vor, wie sehr eine solche Orientierung die Dinge erleichtert. Die wichtige Frage, warum das Virus immer dann, wenn es in den Slums ausbricht, die Kinder dahinrafft, während die Kinder aus anderen Vororten verschont bleiben, konnte ignoriert werden. Man muß sich auch keine Gedanken über solche Dinge wie minderwertige Ernährung und die Unterbringung der Menschen oder um saubere Atemluft etc. machen.

Wir klammern uns offensichtlich hartnäckig an eine mechanistische Vorstellung vom Universum. Sie betört durch ihre Einfachheit, auch wenn sie der Erfahrung nicht standhält.

Nach und nach stirbt jedoch der monokausale Erklärungsansatz in der Medizin aus. Mehr und mehr Ärzte gelangen zu der Überzeugung, daß Krankheit und Gesundheit nicht einfach etwas mit den Zellen eines Menschen zu tun haben, sondern mit seinem gesamten Organismus, daß es Menschen sind, die krank werden, und daß es also bei der Lösung medizinischer und gesundheitlicher Probleme um Menschen zu gehen hat. Charakteristisch für diese neue Auffassung ist die Bildung von Organisationen wie „Ärzte für soziale Verantwortung" („Physicians for

Social Responsibility"). Diese Organisationen werden finanziell unterstützt von Ärzten, die ein sehr hohes Prestige genießen und hochrangige Positionen einnehmen.

Die Falschheit des monokausalen Erklärungsansatzes erweist sich auch darin, daß er sich auf eine Vielzahl degenerativer Erkrankungen nicht anwenden läßt. Trotz zahlreicher großangelegter und sehr teurer Forschungen konnte bisher niemals nachgewiesen werden, daß es für derartige Krankheiten eine einzelne Ursache gibt. Es ist auch nicht wahrscheinlich, daß dies in Zukunft gelingen wird. Bauern, die niemals geraucht und ihr Leben lang gesunde Landluft eingeatmet haben, erkranken an Lungenkrebs; Sportler, die sehr niedrige Cholesterinwerte aufweisen, erleiden Herzattacken; die Multiple Sklerose befällt Menschen augenscheinlich nach dem Zufallsprinzip.

Die ganzheitliche Medizin hingegen basiert auf der Auffassung, daß der Patient als auf einer Vielzahl verschiedener, gleich wichtiger Ebenen existierend betrachtet werden muß. Und so muß nicht nur etwas gegen die Erkrankung unternommen werden, sondern auch etwas für die Entwicklung eines gesunden Zustandes, und das auf so vielen dieser Ebenen wie möglich. Darüber hinaus braucht jeder Patient eine individuelle Kombination aus Maßnahmen „gegen" die Krankheit bzw. zur Stärkung des Immunsystems und Maßnahmen, die eine Entwicklung zu einem gesunden Zustand hin ermöglichen.

Die Vorstellung, daß es für jede Krankheit ein natürliches Heilmittel gibt, das nur darauf wartet, gefunden zu werden, ist in unserem Jahrhundert einem tiefen Glauben an die Wissenschaft gewichen. Anstatt darauf zu hoffen, daß man vielleicht für jede Krankheit eine bestimmte Heilpflanze entdecken würde, begann man nun darauf zu warten, daß die Pharmakonzerne für jede Krankheit eine Substanz entwickeln würden. In der Tat war die pharmazeutische Forschung auch erfolgreich und hat Mittel zu Behandlung von Amöbenruhr, Malaria, Schlafkrankheit und Blutvergiftung gefunden.

Man braucht nur die Berichte antiker Chronisten der Epidemien zu lesen, die seinerzeit die Welt heimsuchten, um zu erkennen, in welchem Maße die hygienische Revolution des spä-

157

ten 19. Jahrhunderts und die medizinischen Fortschritte des 19. und 20. Jahrhunderts zum Wohl der Menschheit beigetragen haben. Wenn wir von der Hoffnungslosigkeit lesen, die die Menschen damals empfanden, als Athen, Rom, Byzanz und der Rest der klassisch-antiken und später der mittelalterlichen Welt immer und immer wieder durch Seuchen verwüstet wurde, die ganze Weltteile entvölkerten, wenn wir von Krankheiten erfahren, die durch ihre schrecklichen und rätselhaften Auswirkungen den Lauf der Geschichte beeinflußten, dann beginnen wir zu spüren, wie weit wir gekommen sind.

Der byzantinische Historiker Procopios beschrieb die große Epidemie zur Zeit Justinians, die im Jahre 521 zuerst ausbrach, wie folgt:

In jener Zeit brach eine Seuche aus, die die Menschheit beinahe vollständig vernichtete ...

Denn sie trat nicht nur in einem Teil der Welt auf, noch befiel sie nur bestimmte Menschen, noch beschränkte sie sich auf eine bestimmte Jahreszeit, so daß sich keinerlei Möglichkeit bot, aus derlei Umständen auf eine bestimmte geheime Ursache zu schließen, sondern sie umfaßte die gesamte Welt und vernichtete das Leben aller Menschen, obwohl diese sich merklich voneinander unterschieden, und respektierte dabei weder Geschlecht noch Alter ... Sie verschonte keine Insel, keine Höhle und keinen Gebirgskamm, auf dem Menschen lebten ... In manchen Fällen trat der Tod unvermittelt ein, in anderen erst nach vielen Tagen ... Tatsächlich läßt sich in der gesamten Angelegenheit also feststellen, daß die Menschen kein Mittel fanden, um sich zu retten, indem sie sich etwa durch Vorsichtsmaßnahmen vor dem Leiden schützten oder, wenn die Krankheit sie befallen hatte, sich davon wieder erholten; das Leiden kam jedoch ohne Vorwarnung.

Die neuen Techniken zur Behandlung von Krankheiten zeitigten so dramatische Auswirkungen, daß die Erfahrungen, die die praktizierenden Ärzte gelehrt hatten, daß jeder Mensch in verschiedener Weise auf bakterielle oder andere Infektionen oder auf eine andere Krankheit reagiert, bei der medizinischen Ausbildung immer stärker außer acht gelassen wurde. Generationen von Ärzten gingen durch die Ausbildung, die sie lehrte, nur auf die jeweilige bestimmte Krankheit zu achten und sich nicht mit dem erkrankten Patienten, ihren individuellen Unterschieden und ihren Selbstheilungskräften auseinanderzusetzen. Angespornt von dem hohen gesellschaftlichen Prestige, das der Berufsstand sich durch die neugewonnenen Fertigkeiten erworben hatte und von dem Glauben, daß man in den Laboratorien bereits an dem Mittel arbeitete, das alle Krankheiten besiegen würde, ignorierten die medizinischen Universitäten die Warnungen vieler herausragender und erfahrener Ärzte.

Es gab mehr als genug Warnungen und Tatsachenbeweise. Claude Bernard, einer der großen medizinischen Forscher des 19. Jahrhunderts, schrieb: „Krankheiten liegen immer in der Luft, die Erreger werden vom Wind umhergetragen, aber sie lassen sich nicht auf einem bestimmten Terrain nieder, wenn dieses Terrain nicht die entsprechenden Voraussetzungen dafür aufweist."

Von Pasteur ist überliefert, seine letzten Worte seien gewesen: „Bernard hat recht. Der Erreger ist nichts, das Terrain alles."

Um das Jahr 1900 tranken eine Reihe englischer Wissenschaftler Gläser mit einer Flüssigkeit, in der Bakterienstämme eines tödlichen Choleraerregers gelöst waren. In ihrem Stuhl befanden sich riesige Mengen von Cholerabakterien; keiner von ihnen erkrankte wirklich an Cholera. In jüngerer Zeit nahmen amerikanische Freiwillige Dysenterie-Erreger zu sich – unter idealen Bedingungen für eine Infektion (in Form von Zäpfchen, die mit Fakälien von Menschen gefüllt waren, die an bakterieller Dysenterie litten) –, und nur sehr wenige wurden tatsächlich krank.

Bei der Katastrophe von Lübeck aus dem Jahre 1926 wurde 249 Babys versehentlich eine hohe Dosis von Tuberkelbakterien injiziert. 35 Prozent der Kinder starben an akuter Tuberkulose, 65 Prozent jedoch überlebten und wiesen zwölf Jahre später keine Anzeichen der Krankheit mehr auf.

Der Epidemiologe Richard Doll hat deutlich gemacht, daß

selbst stark krebserregende Substanzen nicht notwendigerweise Krebs verursachen. In Nagasaki und Hiroshima waren 2500 Einwohner weniger als 1100 Meter von der Detonationsstelle der Atombomben entfernt und überlebten. Weniger als zwei Prozent von ihnen bekamen Leukämie. Diese Zahl beweist zwar, daß radioaktive Strahlung Leukämie erzeugende Wirkung hat. Sie ist jedoch so niedrig, daß deutlich wird, daß auch andere Faktoren ein Rolle spielen.

Viele Ärzte – darunter weithin bekannte und respektierte Fachleute – erkannten unabhängig voneinander, auf welchem gefährlichen Weg der Selbstbeschränkung sich die Medizin befand.

Im Jahre 1927 schrieb der Vorsitzende der amerikanische Ärztevereinigung, Francis Peabody, in einem inzwischen zum Klassiker avancierten Aufsatz:

> Die von älteren Ärzten am häufigsten vorgebrachte Kritik besteht darin, daß den jungen Universitätsabgängern zwar eine Menge über die Mechanismen der Krankheit beigebracht wird, gleichzeitig jedoch nur sehr wenig über die medizinische Praxis – oder, um es einfacher auszudrücken: daß sie zu „wissenschaftlich" sind und nicht wissen, wie man sich um Patienten kümmert.

In der ärztlichen Praxis gab es viele dramatische Beweise dafür, daß jeder Patient sich in bezug auf seine Anfälligkeit und seine Reaktion auf Krankheitserreger von anderen Patienten unterscheidet. Von Sir William Osler, einem der bedeutendsten und bekanntesten Ärzte des frühen 20. Jahrhunderts, stammt die berühmte und oft wiederholte Feststellung: „Es ist wichtiger zu wissen, welche Art Patient an einer Krankheit leidet, als zu wissen, um welche Krankheit es sich genau handelt."

In der ersten Hälfte des 20. Jahrhunderts wurde vielen Medizinern klar, daß die Trennung von Geist und Körper bei der Diagnose und der Behandlung von Krankheiten zu weit getrieben worden war und weiteren Fortschritten im Wege stand. Aus dieser Erkenntnis erwuchs die moderne ganzheitliche Medizin.

In „Tristram Shandy", einem Roman des 18. Jahrhunderts, schreibt der Autor Lawrence Sterne: „Geist und Körper des Menschen – und das sage ich mit größtem Respekt für beide – sind exakt so beschaffen wie ein Lederwams und sein Futter: zerknautscht man das eine, so ist auch das andere zerknautscht."

Die „Säftelehre", die die Medizin während des Mittelalters und der Renaissance beherrscht hatte, beinhaltete komplexes und hochentwickeltes psychosomatisches Wissen. Bis ins 17. Jahrhundert wurden Körper und Geist nicht getrennt gesehen. Dieser Dualismus entwickelte sich erst mit Descartes. Bis zum Ende des 19. Jahrhunderts jedoch hatte sich dieser Dualismus in einem solchen Maße weiterentwickelt, daß eine Wechselwirkung zwischen Körper und Geist in medizinischen Lehrbüchern und in der Ausbildung nicht gelehrt und kaum jemals erwähnt wurde. Die Erfahrung, die alle aufmerksamen Ärzte gemacht hatten, daß geistige Zustände körperliche Funktionen beeinflussen, wurde ignoriert.

Im Laufe der nächsten Jahre überließ man es dem sich neu entwickelnden Bereich der Psychiatrie, die entscheidende Bedeutung der Wechselwirkung von Geist und Körper bei einer Vielzahl von Krankheiten zur Kenntnis zu nehmen. Die Psychiatrie in Kombination mit dem zunehmenden Wissen in den Bereichen der Physiologie und der Inneren Medizin machte es offensichtlich, daß die strenge Trennung nicht mehr länger aufrechtzuerhalten war. Medizin und Chirurgie konnten zwar mit bestimmten Krankheiten und Symptomen fertigwerden. Um Rückfälle zu vermeiden, mußte jedoch der emotionale Zustand eines Patienten verändert werden.

Martin Lipp hat dazu Erhellendes geschrieben. In seinem Handbuch für Mediziner beschreibt er, wie man als Arzt einen Patienten als ein vollständiges menschliches Wesen behandelt und vermeidet, ihm nur als Verkörperung einer Krankheit zu begegnen. Lipp zeigt, wie ein Arzt sowohl ein Spezialist zur Behandlung von Krankheiten als auch ein Therapeut im Dienste der Gesundheit sein kann. Ein solcher Arzt respektiert seine Patienten und entscheidet gemeinsam mit ihnen über ihre persönliche medizinische Behandlung.

Dies gilt auch für Krebs. Schon 1959 sagte der damalige Vorsitzende der amerikanischen Krebsgesellschaft Eugene Pendergrass:

Jeder, der über ausgedehnte Erfahrungen im Bereich der Behandlung von Krebs verfügt, weiß, daß es zwischen den Patienten große Unterschiede gibt ... Ich selbst habe Krebspatienten beobachtet, die nach einer erfolgreichen Behandlung noch über Jahre hinweg gesund weiterlebten. Dann trugen emotional belastende Ereignisse wie etwa der Tod eines Sohnes im Zweiten Weltkrieg, eine untreue Schwiegertochter oder lange Arbeitslosigkeit dazu bei, daß ihre Krankheit wieder aufflackerte und dann zum Tod führte ...

Es gibt schlagende Beweise dafür, daß der allgemeine Verlauf einer Krankheit durch emotionale Belastungen beeinflußt wird ... Und so sollten wir als Ärzte vielleicht damit beginnen, uns einer Behandlung des ganzen Patienten zuzuwenden, ebenso wie der Krankheit als ganzer, an der er leidet. Wir könnten lernen, wie wir allgemeine Bereiche des Körpers so beeinflussen können, daß wir durch sie die bösartige Geschwulst innerhalb des Körpers beeinflussen können.

Und während wir ... weiterhin nach neuen Möglichkeiten suchen, auf das Zellwachstum sowohl innerhalb der Zelle als auch durch systemische Einflüsse einzuwirken, ist es meine feste Hoffnung, in dieser Suche die Möglichkeit einzuschließen, daß es innerhalb des menschlichen Geistes eine Kraft gibt, die das Fortschreiten dieser Krankheit entweder fördern oder behindern kann.

Die Heilkunst befindet sich also mindestens seit römischer Zeit, vielleicht auch länger, im Streit um ein bestimmtes Thema: Sollte die Medizin so viel tun und so aktiv eingreifen wie möglich, oder sollte sie möglichst wenig tun, um am besten mit der Krankheit fertigzuwerden? Sollte der Arzt sich vor allem auf die Intervention und auf das Wiedergutmachen von Schäden konzentrieren oder eher auf die Zusammenarbeit mit den Abwehrmechanismen des Körpers? Dank des immensen und unschätzbaren technologischen Fortschrittes hat sich die Medizin in den letzten hundert Jahren immer stärker auf die aktive Intervention hinbewegt. Wir können heute in viel höherem Maße und viel erfolgreicher intervenieren als jemals zuvor. Für viele Krankheiten stehen uns aktive und sehr wirksame medizinische Behandlungstechniken zur Verfügung. Aber wir beginnen die Grenzen dieses Ansatzes zu erkennen, und wir beginnen zu verstehen, daß wir viele Dinge nicht ohne die Unterstützung der Abwehr- und Selbstheilungskräfte des Körpers tun können. Vieles von dem, was inzwischen innerhalb der Medizin zur Gärung gekommen ist und konfliktreich ausgetragen wird, beruht auf dieser Erkenntnis. Wir beginnen zu verstehen, daß die Lösung nicht darin besteht, entweder für den einen Ansatz oder für den anderen einzutreten, sondern darin, beide Ansätze so zu kombinieren, daß jedem einzelnen Patienten in verschiedener und jeweils angemessener Weise geholfen werden kann. „Ganzheitliche Medizin" bedeutet:

1. Der Patient existiert auf verschiedenen Ebenen, die alle gleich wichtig sind.
2. Jeder Patient ist ein einzigartiges Individuum und muß als solches betrachtet und behandelt werden. Kein Mensch kann einfach in eine Kategorie gesteckt und dann nur als das betrachtet werden, was die Kategorie erfaßt. Diese Betrachtung läßt aus, was sonst noch an einem Menschen wichtig ist.
3. Der Patient sollte aktiv und wissentlich an seiner Behandlung mitwirken. Die Beziehung zwischen demjenigen, der als Heilender auftritt und dem Patienten sollte eine wechselseitige Zusammenarbeit zweier Spezialisten sein, deren besonderes Wissen einander ergänzt.

1

Goethe hat geschrieben: „Natur hat weder Kern noch Schale." In diesem Aphorismus ist der Standpunkt ausgedrückt, um den es hier geht. Im Individuum ist nicht eine einzelne Ebene, ein einzelner Bereich wichtiger als die anderen Ebenen und Bereiche. Die chemischen Bedürfnisse des Menschen sind von ebensogroßer Bedeutung wie seine zwischenmenschlichen (aber nicht von größerer), und diese sind ebenso wichtig wie seine spirituellen Bedürfnisse. Alle sind gleich real, und keine dieser Ebenen läßt sich auf eine andere reduzieren. Ganzheitliche Medizin erfaßt das Falsche der „Nichts als ..."-Vorstellung: zu sagen, daß ein Mensch „nichts als" Chemie im Wert von neun Dollar sei, ist nur dann eine gültige Aussage, wenn man diesen Menschen als Düngemittel verwenden will. Mut ist nicht einfach „nur" eine Kette von Reaktionen auf passiv-abhängige Bedürfnisse. Liebe ist nicht „nur" ein Kribbeln im Bauch. Ein Violinkonzert ist nicht „nur" das Streichen über Katzendarm mit Haaren aus einem Pferdeschweif. Religiöse Empfindungen sind nicht „nur" Angst vor der Dunkelheit. Und bewußtes Denken ist nicht „nur" wechselnde elektrochemische Zustände des Gehirns.

Ebenso wie Psychologie sich nicht auf Biologie reduzieren läßt, kann Biologie nicht auf Chemie reduziert werden. Biologische Erreger zum Beispiel müssen auch als solche erforscht werden, nicht als chemische Erreger. (Es trifft zu, daß wir ihre chemische Zusammensetzung kennen müssen, um sie reproduzieren und standardisieren zu können, aber sie verhalten sich als biologische Erreger ganz anders als chemische Erreger.) Dies läßt sich anhand eines eher extremen, aber durchaus stichhaltigen Beispiels demonstrieren: Ich nehme einen Kolben mit Wasser, das chemisch so rein ist, daß kein chemischer Test irgendeine Verunreinigung nachweist. Aus chemischer Sicht ist dieses Wasser frei von jeglichen Wirkstoffen. Dann besprühe ich von einem Flugzeug aus den Bundesstaat Virginia mit diesem Wasser und vernichte die gesamte Tabakernte. Das Wasser enthält ein Molekül eines Tabakvirus. Chemisch ist es wirkungslos. Biologisch gesehen ist es eine Bombe mit großer Zerstörungskraft.

Um zu betonen, daß jeder Bereich für sich selbst und nicht einfach als Reduktion einer anderen Ebene verstanden werden muß, schrieb der Psychiater Franz Alexander: „Es ist schwer vorstellbar, daß die verschiedenen Bewegungen zweier Schachspieler jemals in biochemischer oder neurophysiologischer Hinsicht klarer verständlich sein sollen als in psychologischer und logischer Hinsicht."

Eugene Pendergrass hat betont, daß die Prognose von Krebspatienten sehr stark von dem beeinflußt wird, was in ihrem persönlichen Leben passiert. D. W. Smithers, der ehemalige Leiter des britischen Krebsverbandes, schilderte dieselbe Erfahrung. Keiner dieser beiden Ärzte hatte eine psychiatrische Ausbildung oder einschlägige Erfahrungen. Sie stellten jedoch eine Beziehung zu ihren Patienten her und beobachteten diese, so daß sie erkannten, was bereits der Arzt früherer Jahrhunderte, der von seinen Patienten noch nicht durch eine hochentwickelte Technologie getrennt war, so gut wußte. Inzwischen gibt es eine nennenswerte Menge an wissenschaftlicher Literatur, in der der Standpunkt der ganzheitlichen Medizin deutlich dargelegt wird: daß der Patient eine einzigartige und vollständige Person ist und als solche medizinisch eingestuft und behandelt werden muß, und daß alle Bereiche seiner Existenz wechselseitig aufeinander einwirken. Kurz gesagt: Eine Person, nicht eine Anhäufung von Zellen, bekommt Krebs, und die Person, nicht einfach die Zellen, muß medizinisch eingestuft und behandelt werden.

Moderne Ärzte vergessen häufig, daß ihre Handlungen in einem Kontext erfolgen, von dem sie nicht abgelöst werden können, ohne ihren Sinn zu verlieren. Die Einstellung und die Überzeugungen eines Arztes und ihre bewußte und unbewußte Wahrnehmung durch den Patienten beeinflussen die Ergebnisse der Medikationen und Untersuchungen des Arztes. Auch die Einstellung des Patienten zur Behandlung hat einen Einfluß darauf, wie gut sie funktioniert. Weil Ärzte oft begeistert auf neue Medikamente reagieren und sie den Patienten diese Begeisterung mitteilen, wirken Medikamente kurz nach ihrer Einführung oft besser als danach. Daraus leitet sich die alte Ärzteweisheit her „Verschreibe neue Mittel, solange sie noch wirken".

Im 16. Jahrhundert war Guajakum eines der am meisten verbreiteten Mittel gegen Syphilis, und es gab diverse Behandlungsformen, deren Wirksamkeit bezeugt ist. Aus moderner Sicht ist Guajakum bei der Behandlung von Syphilis wirkungslos. Dennoch gibt es kaum einen Zweifel daran, daß es im 16. Jahrhundert vielfach therapeutisch wirksam war. Dasselbe gilt auch für viele andere Medikamente und Behandlungsformen der Vergangenheit. Es kann als sicher gelten, daß in der Zukunft vieles von dem, was wir heute als weitverbreitete Mittel und Operationsarten ansehen, in der Zukunft ebenfalls als unwirksam gelten wird.

In der ganzheitlichen Medizin sprechen wir normalerweise nicht von „Existenzebenen" oder „Ebenen, auf denen eine Person existiert", weil dies nahelegen könnte, daß es „höhere" und „niedrigere" Ebenen gäbe oder solche, die „realer" wären als andere. Wir reden häufiger von „Aspekten der Person", oder „Daseinsbereichen" usw. Leider ist es notwendig, die Person im Rahmen des Konzepts in verschiedene Teile aufzuspalten, um effektiver an verschiedene Probleme herangehen zu können. Tatsächlich handelt die Person als eine Einheit, aber wir verfügen einfach nicht über Konzepte oder Begriffe, die dies richtig zum Ausdruck bringen.

So teilen wir die Person in „Aspekte", „Bereiche" und „Kategorien" in dem Wissen darum, daß dies zwar falsch, für die meisten von uns jedoch erforderlich ist. Die gebräuchlichste und am besten geeignete Unterteilung ist diejenige in einen „körperlichen", einen „mental-emotionalen" und einen „spirituellen" Bereich. Natürlich gibt es auch andere, ebenso praktikable Unterteilungen, aber wir Westler haben uns an diese Variante gewöhnt.

Mit dem „körperlichen" Bereich meinen wir diejenigen Aspekte einer Person, die durch Ernährung, Bewegung und Schulmedizin abgedeckt werden. Mit dem „mental-emotionalen" Bereich sprechen wir Aspekte an, die normalerweise in der Praxis eines Psychotherapeuten zur Sprache kommen.

Der Ausdruck „spirituell" ist wohl am wenigsten genau definiert und beschreibt eine Vielzahl unterschiedlicher Bedeutungen. In der ganzheitlichen Medizin müssen wir uns für einen festen Bedeutungsgehalt entscheiden. Dieser Bedeutungsgehalt umfaßt zwei Bereiche: Zum einen die anstrengenden und streng geregelten Formen des Gebets und der Meditation, die uns möglicherweise zur momenthaften Erkenntnis verhelfen, daß wir Teil des gesamten Universums sind und von diesem nicht getrennt werden können und daß es sich bei unseren Empfindungen von Einsamkeit und Entfremdung um Illusionen handelt. Es ist gleich, ob wir diese Augenblicke als „kosmisches Bewußtsein", „christliches Bewußtsein", „satori" oder mit einem der anderen Namen bezeichnen, die die Menschheit dafür kennt. Der zweite Bedeutungsaspekt rührt aus der Tatsache her, daß wir in der westlichen Tradition stehen und nicht in der östlichen. Im Westen ist die spirituelle Entwicklung immer vor allem im Hinblick auf das Tun, weniger im Hinblick auf das Empfinden betrachtet worden. Der heilige Johannes vom Kreuz schrieb: „Wenn du ebenso tief in Ekstase versunken wärst wie der heilige Paulus und ein Kranker eine Schale Suppe benötigte, dann wäre es besser für dich, wenn du aus deiner Ekstase auftauchen würdest und ihm im Namen der Liebe die Suppe brächtest." John Bunyan hat dies folgendermaßen ausgedrückt: „Am Tag des Weltuntergangs werden die Menschen nach den Früchten ihres Handelns beurteilt werden. An diesem Tag wird nicht danach gefragt werden, ob du geglaubt hast, sondern ob du gehandelt oder nur geredet hast." Nach unserem Verständnis von Spiritualität ist es notwendig, auch durch Handeln zu zeigen, daß man sich um mehr kümmert als nur um seine Familie und sich selbst. Ich habe Krebspatienten gekannt, die Teile ihrer freien Zeit damit verbracht haben, sich für Friedens- und Umweltorganisationen zu engagieren oder für das Rote Kreuz, und die ihr Betroffensein auf verschiedene und individuelle Weise zeigten. Ich betrachte einen Patienten, mit dem ich arbeite, nicht als jemanden mit einer abgeschlossenen Entwicklung seines gegenwärtigen Lebens, bis er sein Leben nicht in allen drei Bereichen aufgewertet hat. Die Fallgeschichten am Ende dieses Kapitels werden verschiedene Wege deutlich werden lassen, in denen einzelne individuelle Menschen dies getan haben.

2

Jeder Patient ist ein einzigartiges Individuum und muß als solches betrachtet und behandelt werden.

Wenn du einem Fieberpatienten und einem gesunden Menschen dasselbe zu essen gibst, dann wird die Krankheit des Fiebernden durch das verschlimmert, was den gesunden Menschen stärkt.
Hippokrates

Der Streßforscher Hans Selye stellt drei Leitlinien für ein erfülltes und gesundes Leben inmitten der „Mühsal und Plage des Alltags" vor. Die erste lautet: „Finden Sie Ihre eigenen Vorlieben und Ihr Streßlevel heraus ... Nur mit Hilfe einer planvollen Selbstanalyse können wir herausfinden, was wir wirklich wollen. Viele Menschen leiden ihr ganzes Leben lang, weil sie zu konservativ sind, um eine radikale Veränderung zu wagen und mit der Tradition zu brechen."

Heute beginnen wir zu verstehen, daß individuelle Behandlungsprogramme in allen Bereichen der Medizin und der Heilung von entscheidender Bedeutung sind. Jeder – ganz gleich ob Ernährungsberater, Arzt, Chiropraktiker, Psychotherapeut oder seelischer Heiler –, der dies nicht begreift, sollte gemieden werden.

Die großen Lehrer der Mystik haben stets gewußt, daß jeder Mensch bei der seelischen und spirituellen Entwicklung seinen eigenen Weg finden muß.

In ihrer Autobiographie schrieb die heilige Thérèse von Lisieux, wie schwierig es ist, spirituelle Richtlinien zu geben:

Ich weiß, es scheint leicht zu sein, Seelen zu führen, sie dazu zu bringen, Gott über alles zu lieben und sie Seinem Willen gemäß zu formen. Aber in Wirklichkeit ist es ohne Seine Hilfe leichter, die Sonne in der Nacht scheinen zu lassen. Man muß seinen eigenen Geschmack, seine persönlichen Ideen fallenlassen und die Seelen den besonderen Weg führen, den Jesus für sie anzeigt; der eigene Weg ist nicht maßgebend.

Als der Seher von Lublin gebeten wurde, einen allgemeinen Weg zu nennen, auf dem man Gott dienen könne, antwortete er: „Es ist unmöglich, den Menschen den Weg zu nennen, den sie nehmen sollen, denn ein Weg zu Gott ist das Lernen, ein anderer das Gebet, ein anderer das Fasten und wieder ein anderer das Essen. Jeder sollte sorgfältig darauf achten, auf welchen Weg sein Herz ihn drängt, und diesen Weg sodann aus ganzer Kraft gehen."

Aus einem ähnlichen Geist heraus sagte der Rabbi Nachmann aus Breslau: „Gott ruft einen Menschen mit einem lauten Zuruf, einen anderen mit einem Lied, einen dritten mit einem Flüstern."

Ich erinnere mich an einen weisen und sehr erfahrenen Psychoanalytiker, Dr. Joseph Michaels, der auf einer Konferenz des psychiatrischen Teams einer Klinik sagte: „Ich werde diesem Patienten die GVUB-Behandlung verschreiben. Sie wird wesentlich besser für ihn sein als Psychotherapie oder irgend etwas aus der Apotheke." Er wandte sich dem Arzt zu, der den betreffenden Fall vorgestellt hatte, bat ihn sicherzustellen, daß die Behandlung eingeleitet würde und verließ den Raum. Keiner von uns hatte auch nur die geringste Ahnung, worin diese Behandlung bestehen mochte, und wir machten uns alle sofort daran, es herauszufinden. In der Bibliothek fand sich kein Stichwort zur GVUB-Behandlung. Wir wandten uns darum alle gemeinsam nochmals an Michaels und fragten ihn, auf was er sich bezogen habe. Er sagte uns, daß der Ausdruck die Kurzformel für eine Behandlungsmethode sei, über die wir in unserer medizinischen und psychotherapeutischen Ausbildung nichts gelernt hätten. Die Formel stand für „Gekonnte Vernachlässigung und Bettruhe". Michaels fuhr fort: „Das ist genau das, was dieser Patient braucht. Er ist insofern ein absolut typischer Patient, als er und seine Bedürfnisse einzigartig sind. Jedesmal wenn Sie zu dem Ergebnis gelangen, daß zwei Patienten exakt dieselbe Behandlung benötigen, dürfen Sie sicher sein, daß diese Ähnlichkeit in Ihrer Wahrnehmung bedingt ist, nicht in den Patienten selbst. Und wenn Ihnen noch mehr Patienten begegnen, die dieselbe Behandlung brauchen, dann nehmen Sie wahrscheinlich stärker Ihr eigenes Problem wahr als die Probleme der Patienten, und

Sie verschreiben ihnen, was eigentlich Ihnen selbst verschrieben werden sollte."

Die Bedeutung dieses Punkts kann kaum überschätzt werden. Wir haben uns so sehr daran gewöhnt zu glauben, daß es einen einzigen richtigen Weg gibt, etwas zu tun, daß Ärzte dazu neigen, ihre Patienten ebenfalls nach diesem Konzept zu behandeln. Dieser Glaube wird durch die langjährige medizinische Ausbildung noch verstärkt, in der betont wird, daß es für jede Krankheit eine Ursache gibt und eine richtige Behandlungsform zur Bekämpfung dieser Krankheit.

In unserem genetischen Erbe und in den Erfahrungen, die wir als Kind und als Erwachsener mit der Welt machen, unterscheiden wir uns gewaltig voneinander. Wir unterscheiden uns auch darin, wie und in welchem Grad wir unsere verschiedenen Bedürfnisse befriedigen oder unterdrücken und darin, wie und bis zu welchem Grad wir unsere Energien nach innen oder nach außen lenken. Wir unterscheiden uns in unserer Angst vor uns selbst und anderen und in der Bedeutung, die wir unserem Leben gegeben haben. Das Wissen über diese Unterschiede ist nicht einfach theoretischer Natur, ist entscheidend, wenn es um die richtige Therapie und die Gesundheit geht. Bei jeder Operation muß ein qualifizierter Anästhesist anwesend sein, weil Menschen verschieden auf Betäubungsmittel reagieren. Ein verantwortungsbewußter Arzt, der sich entscheidet, einen Tranquilizer oder ein anderes Psychopharmakum zu verschreiben, wird aus der betreffenden Kategorie von Medikamenten nicht einfach das bekannteste und am meisten verschriebene Mittel auswählen, sondern er wird die Medikation exakt auf den Patienten zuschneiden und in der Folge die Reaktion des Patienten auf die Medikamente in regelmäßigen Abständen neu bewerten, um zu erkennen, wie dieser individuelle Mensch auf die Medikation reagiert. Ein solcher Arzt weiß, daß es keine zwei Patienten gibt, die auf chemische Eingriffe in derselben Weise reagieren.

Der Psychiater Abraham Meyerson sagte häufig: „Sobald Sie auf der Basis der Theorie und Ihrer Erfahrung entschieden haben, daß alle Patienten, die unter ‚A' leiden, auch ‚B' haben und daß man sich auf diese Schlußfolgerung absolut verlassen kann, dürfen Sie völlig sicher sein, daß innerhalb der nächsten drei Tage in Ihrer Praxis ein Patient auftaucht, der ‚A' hat, ohne auch nur die leisesten Anzeichen für ‚B' aufzuweisen. Das wird vorkommen. Die Frage ist nur: Werden Sie eventuell zu blind sein, um es zu erkennen?"

Vor einigen Jahren brachte ich eine nahe Verwandte zu einer größeren Bauchoperation ins „Mt. Sinai Hospital" in New York (ein großes Ausbildungskrankenhaus, das einen sehr guten Ruf genießt). In dieser Klinik wurde gegen die Schmerzen nach einer Operation meist ein Mittel namens „Demerol" verabreicht. Meine Verwandte sprach jedoch auf „Demerol" nicht an; bei ihr bewirkte das Mittel etwa soviel wie eine Zuckertablette. Ich teilte dies sowohl dem operierenden Chirurgen als auch dem Anästhesisten mit. Ich sorgte dafür, daß auf ihrer Karteikarte in roter Schrift „allergisch gegen Demerol" eingetragen wurde (ich habe durchaus meine Erfahrungen mit krankenhaustypischem Starrsinn, und es gibt in der Tat eine ganze Reihe von anderen sehr guten und ebenso wirksamen Schmerzmitteln auf Morphinbasis). Nach der Operation wurde ihr noch im Aufwachraum natürlich eine hohe Dosis „Demerol" gegeben. Zuguterletzt wurde sie auf einer Liege in ihr Zimmer zurückgerollt. Sie schrie vor Schmerzen, und ihr Blutdruck und ihre Körpertemperatur waren auf gefährlich niedrige Werte abgesunken. Weil sich hochdosiertes „Demerol" in ihrem Körper befand, konnte ihr einige Stunden lang kein anderes Mittel verabreicht werden. Der Chefarzt wurde gerufen und reagierte naturgemäß äußerst besorgt. Er war sehr aufmerksam und tat sein Bestes, bis das Minimum an Zeit verstrichen war, nach der man erneut ein Schmerzmittel geben konnte. Sodann begab er sich in den Medikamentenraum und kam mit einer bereits fertig aufgezogenen Spritze wieder zurück, die er meiner Verwandten sofort injizierte. Als sich nach fünf Minuten keine Wirkung zeigte, fragte ich ihn, um welches Mittel es sich gehandelt habe. Sichtlich überrascht antwortete er, daß es sich um „Demerol" handele, das Mittel der Wahl gegen starke postoperative Schmerzen. Das bedeutete, daß meine Verwandte drei weitere Stunden ohne

Schmerzlinderung durchzustehen hatte – ein Zeitraum, in dem sie beinahe starb. Sie überlebte nur aufgrund des glücklichen Umstandes, daß zwei ausgezeichnete ganzheitlich ausgebildete Krankenschwestern vorbeikamen, um zu sehen, wie es meiner Verwandten ginge. Diese Krankenschwestern schafften es, sie durch die schmerzhaften Stunden hindurchzuretten und ihren Blutdruck sowie ihre Temperatur wieder zu steigern, indem sie Atem- und Bewegungsübungen anwendeten, darüber hinaus Meditation, Selbsthypnosetechniken und Techniken, die die Heilkraft der Seele beförderten. Sie retteten ihr das Leben, aber bei einer grundsätzlichen Offenheit für neue Erfahrungen und einer gewissen geistigen Flexibilität (ganz zu schweigen von der Beachtung der Karteikarte eines Patienten) auf seiten des medizinischen Fachpersonals wäre es zu einer so krisenhaften Situation erst gar nicht gekommen.

In der ganzheitlichen Medizin können keine zwei Personen auf dieselbe Weise behandelt werden. Dies ist der Grund dafür, daß Florence Miales Regel das einzige gültige Gesetz innerhalb der Psychotherapie ist. Diese Regel besagt, daß „jede Reaktion des Therapeuten, die eher aus technischen Erwägungen herrührt als aus menschlichem Empfinden, antitherapeutisch ist". Das Wort Technik bezieht sich auf eine stereotype Reaktion, auf eine Klassifizierung von Menschen. Wenn wir mit Menschen umgehen, als ob das einzig Wichtige an ihnen sei, in welchen Bereich wir sie kategorisiert haben, reduzieren wir sie auf weniger, als sie tatsächlich sind und verhalten uns darin antitherapeutisch. Die Lebensführung eines jeden Menschen und die darin liegenden Möglichkeiten einer Erweiterung sind von Mensch zu Mensch ebenso verschieden wie Gemälde oder Musikstücke.

Der heilige Thomas von Aquin schrieb in der „Summa": „Wir beleidigen Gott nicht, es sei denn, wir tun etwas, das unserem eigenen Guten entgegengesetzt ist." In unserer Sorge um unser körperliches, emotionales und spirituelles Dasein kann es keinen Widerspruch geben. Wie Thomas von Aquin sehr gut wußte, ist das, was in der Gestalt unseres Daseins für einen dieser Bestandteile wahrhaft gut ist, im wesentlichen auch gut für die anderen. Er schrieb: „Gott sorgt sich um jeden Menschen auf der Basis dessen, was gut für ihn ist. Nun ist es gut für jeden Menschen, dieses Ziel zu erreichen, wie es schlecht für ihn ist, von seiner eigenen Bestimmung abzuweichen."

Der Gründer der chassidischen Bewegung in der es um spirituelle Entwicklung geht, Ba'al Shem Tov, schrieb: „Seit Beginn der Welt ist kein menschliches Wesen irgendeinem anderen gleich gewesen. Es ist die Aufgabe jedes Menschen, diese Einzigartigkeit weiterzuentwickeln, und es ist das Scheitern an dieser Aufgabe, was das Kommen des Messias verzögert hat."

3

Der Patient oder die Patientin sollte an seiner oder ihrer Behandlung aktiv und wissentlich beteiligt sein. Eindeutiger und besser läßt sich dies nicht ausdrücken.

Marvin Meitus schreibt:

> Der Patient muß an seiner eigenen Behandlung teilhaben. Er muß sich selbst dabei helfen, wieder gesund zu werden. Teilhabe bedeutet mehr als das tägliche Einnehmen einer Tablette. Der Patient muß sich für eine bestimmte Ernährung entscheiden und dafür, sich zu bewegen, zu entspannen usw. Schon nach kurzer Zeit sind es dann Patienten, die keine Tabletten mehr einnehmen ... Die Wunderheilung besteht darin, daß der Patient dabei geholfen hat, sich selbst zu heilen ... Was man nicht für einen Patienten tut, ist wichtiger als das, was man für ihn tut ... Wenn ein Patient fragt: „Was kann ich tun, um zu helfen?", beginnt etwas völlig Neues.

Wie bedeutsam dies ist, zeigt sich daran, wie sehr heute die „natürliche Geburt" akzeptiert ist und wie die Rolle der Hebamme gesehen wird. Einer der ansprechendsten Aspekte der Hebammenkunst besteht darin, daß der Mutter – wenn möglich auch dem Vater und vielfach der gesamten Familie – zugestanden wird, ein vollgültiger und informierter Bestandteil des Geburtsprozesses zu sein. Die gesamte Erfahrung einer Geburt verwandelt sich bei einer guten Hebamme von einer „Sache", die mit dem Körper der Mutter passiert und der sie passiv ausgesetzt ist (abgesehen von den Ermahnungen zu „pressen"), zu einem integralen Bestandteil des Lebensprozesses, an dem die Mutter und der Vater aktiv teilnehmen. Eine gute Hebamme verfügt über gute fachliche Kenntnisse und kennt auch die grundlegenden Axiome ganzheitlicher Medizin. Sie sieht im Prozeß der Vorbereitung auf die Geburt einen Teil der gesamten Symphonie des Lebens einer Familie und versucht, der Familie dabei zu helfen, es ebenso zu sehen. Sie ist sich ständig dessen bewußt, daß die Mutter in vielen gleich wichtigen Bereichen existiert, und sie verfügt über Spezialkenntnisse aus den Bereichen der Ernährung, des Einsatzes von Vitaminen, der Bewegung, der Psychotherapie, der Bedürfnisse in Beziehungen und spiritueller Bedürfnisse. Sie sieht jede Patientin als ein Individuum, das individuell eingeschätzt, behandelt und berücksichtigt werden muß, und nicht als Teil einer Gruppe von Klientinnen. Sie baut zu ihren Klientinnen eine gleichberechtigte Beziehung auf und tritt nicht als eine Autoritätsperson auf, die den Anspruch hat, selbst alles am besten zu wissen. Insofern sie in einem Bereich der Zusatzmedizin verantwortungsvoll tätig ist, arbeitet sie unter medizinischer Supervision und mit der Sicherheit der Notfallmedizin im Hintergrund.

Aus Sicht der ganzheitlichen Medizin muß der Patient als aktiver und gleichberechtigter Partner einbezogen werden. Es gibt nicht den richtigen Weg zur Gesundheit, sondern lediglich den für ein Individuum am besten geeigneten Weg. Gesundheit wird über das Bewußtsein wahrgenommen, also über einen Bereich, zu dem nur der Patient selbst Zugang hat. Daher ist der Patient ebenso kompetent wie der Therapeut. Der Patient oder die Patientin kennt den Untergrund seines oder ihres Lebens, seine Ausprägung und sein Gewebe besser als sonst irgend jemand. Der Therapeut hat einen weiteren Blickwinkel und besitzt mehr Wissen und Erfahrung in den vielen mit der Gesundheit verbundenen Problemen. Wenn beide zusammenarbeiten, können sie ein effektives und reibungslos funktionierendes Team bilden. Doch nur der Patient kann beurteilen, wie er sich fühlt oder bestimmen, ob eine Behandlung etwas nützt oder nicht. Nur er selbst befindet sich mitten in seinem Leben und erfährt es unmittelbar. Selbst ein Therapeut, der über die größte Empathie verfügt, hat eine gewisse Distanz. Um es in Goethes Worten zu sagen: „Grau ist alle Theorie, und grün des Lebens goldner Baum."

Diese Achtung vor dem Patienten als einer Person und als dem einzigen wirklichen Experten für sein Leben ist für den ganzheitlich arbeitenden Therapeuten wesentlich. Wenn er oder sie diese Einstellung nicht hat – und das ist vielfach der Fall –, dann verfügt er oder sie nicht über die Persönlichkeitsstruktur, um ganzheitliche Medizin zu verstehen oder zu praktizieren.

Wenn ein Arzt oder ein Therapeut, der jünger ist als Sie selbst, Sie schon nach kurzer Zeit mit Ihrem Vornamen anredet, dann seien Sie vorsichtig. Wir ziehen es vor, wenn fremde Menschen, die jünger sind als wir selbst, uns mit „Frau" oder „Herr" anreden. Damit erweisen sie uns ihre Achtung, und wenn sie es nicht tun, bedeutet dies in etwa das Gegenteil. (Ich habe nicht nur einmal erlebt, wie ein fünfundzwanzigjähriger Assistenzarzt eine ältere Patientin, der er zum ersten Mal begegnete, mit den Worten „Hallo, Mary, ich bin Dr. Smith" begrüßte, und ich habe für mich entschieden, daß solche Assistenzärzte vielleicht nie begreifen werden, worum es geht.)

Die grundlegenden Axiome der ganzheitlichen Medizin lauten also: Wenn der Patient auf allen Ebenen behandelt wird (zum Beispiel auf der körperlichen, mentalen, emotionalen und spirituellen Ebene), wenn er als einzigartiges Individuum behandelt wird, und wenn er ermutigt wird, in einem solchen Maße an der Behandlung teilzuhaben, wie er oder sie dies möchte, dann ist es wahrscheinlich, daß die Selbstheilungskräfte des Patienten angeregt und im Verlauf der medizinischen Behandlung hilfreich eingesetzt werden können. Dies ist die Essenz dieses neuen medizinischen Ansatzes, der in der westlichen Welt auf eine stetig zunehmende Akzeptanz stößt.

Die folgenden Fallgeschichten illustrieren, was wir heutzutage unter „ganzheitlicher Medizin" verstehen.

T. war ein Mann in seinen Vierzigern und in seinem Beruf als Angestellter einer großen Firma sehr erfolgreich. Man hatte ihm versprochen, daß er im Laufe des nächsten Jahres auf eine leitende Position befördert werden sollte – genau die Position, die er angestrebt hatte, als er vor siebzehn Jahren für das Unternehmen zu arbeiten begonnen hatte. Seit fünfzehn Jahren war er mit einer schicken, klugen und ehrgeizigen Karrierefrau verheiratet. Seine Ehe bezeichnete er als „okay", es gebe keine Probleme. Seine Frau war derselben Meinung. Beide fuhren sehr gern Ski und reisten regelmäßig in die Schweiz. Sein Lebensmittelpunkt war jedoch sein Beruf, in dem er in der Tat sehr gute Arbeit leistete. Seine Untergebenen, Kollegen und Vorgesetzten mochten und bewunderten ihn.

Zwei Monate bevor er seine neue Position antreten sollte, suchte er aufgrund verschiedener Beschwerden einen Arzt auf. Es stellte sich heraus, daß er an der Hodgkin-Krankheit litt (einer Krebserkrankung des Lymphsystems), die schnell fortschritt. Seinerzeit (zu Beginn der sechziger Jahre) war die Prognose bei dieser Erkrankung sehr schlecht. Heute liegt die Heilungsquote bei fast 85 Prozent. Dem Hodgkin-Institut in New York war damals kein Fall bekannt, bei dem ein Betroffener die Erkrankung länger als fünf Jahre überlebt hätten. Bei T. wurde mit einer Strahlentherapie begonnen (Bestrahlungen sowie eine Behandlung mit Cortison und Stickstofflost waren seinerzeit alles, was die Schulmedizin zu bieten hatte). Im Verlauf der Behandlung wurde er im Rahmen eines soeben gestarteten Forschungsprogramms an den Klinik-Psychologen überwiesen. Nach dem Explorations-Interview berichtete er dem Psychologen, daß er das Gefühl habe, seine Krebserkrankung „habe irgendwie mit seinen Gefühlen zu tun" und sei durch diese vielleicht verursacht worden. (Vor dreißig Jahren waren nur sehr wenige Ärzte mit dem Gedanken vertraut, daß es etwas bringen könnte, Krebs nicht einfach als ein Problem einiger Zellen zu betrachten, sondern als eine Erkrankung des gesamten Organismus, kurz: als etwas, das den gesamten Menschen betrifft und daher auch eine Behandlung des ganzen Menschen erfordert, und das, obwohl sehr viele Krebspatienten sich dessen bewußt waren.)

Der Psychologe des Krankenhauses, an dem T. ambulant behandelt wurde, machte gerade erste Erfahrungen mit dem Konzept der Gesundheitspsychotherapie und fungierte auch im Fall T.'s in dieser Rolle. T. begann mit einer psychotherapeutischen Behandlung. Er wurde ermutigt, sein Schicksal selbst in die Hand zu nehmen und begab sich häufig in eine nahegelegene medizinische Bibliothek, um sich soviel Information wie möglich über die Hodgkin-Krankheit zu beschaffen. Was die Schulmedizin an Behandlungsmöglichkeiten bot, stellte ihn keineswegs zufrieden, und angesichts seiner extrem schlechten Prognose beschloß er, sich nach weiteren Möglichkeiten umzusehen. Er begann damit, daß er einen Osteopathen konsultierte.

In den meisten amerikanischen Bundesstaaten entspricht die Qualifikation eines Osteopathen derjenigen eines Arztes, und der Osteopath kann, wenn er oder sie es für angezeigt hält, Medikamente verschreiben und verabreichen und Operationen durchführen. Osteopathisch ausgebildete Ärzte legen großen Wert auf die Selbstheilungskräfte des einzelnen Menschen und auf das „Struktur-Funktions-Prinzip", nach dem eine Krankheit meist das Ergebnis einer Struktur ist, die sich verschoben hat und die normale Funktion des Nerven- und Blutsystems beeinträchtigt. Infolgedessen wird in der Osteopathie Einfluß auf das Muskel- und Knochensystem genommen, was vielfach nicht nur das strukturelle Problem beseitigt (wie zum Beispiel verschobene Rückenwirbel), sondern auch die damit zusammenhängenden funktionalen oder physiologischen Beeinträchtigungen.

Der Osteopath, den T. aufsuchte, empfahl ihm, mit der Strahlenbehandlung fortzufahren, die ihm sein Onkologe verordnet hatte, und verordnete dazu einige osteopathische Behandlungen. T. berichtete, daß er sich nach diesen Behandlungen um einiges besser fühlte und daß er am Schluß der Behandlung über mehr Energie verfügte.

Damals war es schwierig, einen Ernährungsberater zu finden, der über allgemeinen Menschenverstand verfügte, gut ausgebildet war und Erfahrungen mit lebensbedrohlichen Erkrankungen hatte, aber nach einiger Zeit gelang es T., jemanden zu finden. Er ging zu einer strikt vegetarischen Ernährung und der Einnahme hoher Dosen von Vitaminen und Mineralien über. Heute würden die meisten Ernährungberater eine solche Ernährung nicht mehr empfehlen, damals jedoch schien sie das beste zu sein, das verfügbar war.

Zusätzlich begann T. täglich mit der Simonton-Technik zu üben, einer Zusatztherapie, die eigens darauf zugeschnitten war, seine Selbstheilungskräfte zu stärken, so daß sie den Verlauf der schulmedizinischen Behandlung unterstützen konnten. Bei dieser besonderen Meditationsmethode stellt man sich sowohl die Krebszellen als auch die Abwehrkräfte ganz konkret und wie in einer Art Cartoon vor. Man konzentriert sich dann darauf, einen Kampf zwischen ihnen zu imaginieren, bei dem die Krebszellen besiegt werden. So kann man sich etwa die Heilkräfte als Kreuzritter in Rüstung vorstellen, die die Krebszellen in der Form von Drachen angreifen und töten (vorausgesetzt, man kommt von selber auf dieses Bild und empfindet es als angenehm). Die Methode wurde von Dr. Carl Simonton geschaffen, der herausfand, daß Patienten, die im Verlauf ihrer Strahlentherapie diese Meditation konsequent durchführten, auf die Behandlung besser ansprachen als die Patienten einer Kontrollgruppe, die nur Bestrahlungen erhielten. Sie hat sich als weithin wirksame Zusatztherapie bei der Krebsbehandlung erwiesen. Es gibt inzwischen zahlreiche Ärzte und andere Therapeuten, die diese Visualisierungstechnik lehren; und es gibt auch die Bücher von Simonton.

Im Zuge der Psychotherapie wurde T. sehr schnell klar, daß seine Ehe nur noch eine leere Hülse war. Sowohl er selbst als auch seine Frau hatten sich sehr weit davon entfernt, wie eine Ehe im Idealfall sein sollte. Abgesehen von ihren Gewohnheiten und der Überzeugung T.'s, daß es eine bessere Alternative nicht gab (die von seiner Frau geteilt wurde), gab es wenig, was sie zusammenhielt. Gemeinsam mit seinem Therapeuten erforschte T. sein verzweifeltes Bedürfnis danach, irgendwann zu einer wirklich liebevollen Beziehung zu kommen. Einmal sagte er: „Sie wissen, wie das ist in einem Haus ohne Isolierung: Sie können heizen soviel Sie wollen – warm wird es trotzdem nicht. Das ist nur zu schaffen, wenn etwas von der Wärme von Ihnen selbst reflektiert wird. Ich habe immer gewußt, daß das auch auf mein

Leben zutrifft. Ganz gleich, wie sehr ich es auch probierte, ganz egal wieviel Wärme ich abgab, mir wurde niemals warm." Es war eine lange und schmerzliche Arbeit, sich durch diese Verzweiflung hindurchzuarbeiten, die von frühen Kindheitserfahrungen herrührte, und sie zu zerstreuen.

Als T. klar wurde, mit wie wenig er sich in seiner Ehe zufrieden fühlte, begannen er und seine Frau gemeinsam die Situation zu untersuchen und – zum ersten Mal – tatsächlich darüber zu reden. Sie begaben sich gemeinsam zu einem Eheberater und absolvierten einige Sitzungen bei ihm. Zur selben Zeit wurde T.'s Frau eine bessere Stelle angeboten, für die sie in eine andere Stadt würde ziehen müssen. Dies schien für sie beide ein entscheidender Punkt zu sein, und sie ließen sich in gegenseitigem Einvernehmen scheiden. Beide wirkten ziemlich erleichtert.

In der ersten Zeit nach der Scheidung wollte T. ausschließlich berufliche Beziehungen pflegen. Er untersuchte dieses Bedürfnis in seinen Sitzungen beim Psychotherapeuten und lernte dabei die Angst, die dem Bedürfnis zugrundelag, zu akzeptieren und daran zu arbeiten. Darauf begann er sich mit verschiedenen Frauen zu verabreden, von denen er einige mehrmals traf. Nach etwa einem Jahr wurde aus einer dieser Beziehungen eine Liebesbeziehung, und T. und seine neue Freundin heirateten. Diese Frau ist sehr viel liebevoller und offener als T.'s erste Frau. Als sein Therapeut ihn an seinen Vergleich seiner Ehe mit der Isolierung eines Hauses erinnerte, grinste T. und sagte, ihm sei jetzt „angenehm warm".

Bei der psychotherapeutischen Erforschung seines Arbeitslebens wurde T. klar, daß der Job, den er all die Jahre so sehr geliebt hatte, ihm inzwischen als eine Sackgasse erschien. Er fand, daß die Arbeit ihm nicht neue Herausforderungen und Anreize bot, wie er es sich vorgestellt hatte, sondern in ein oder zwei Jahren vielleicht recht langweilig sein würde, genauso wie die anderen Jobs, die er gehabt hatte. Mit seinem neuen Job hatte er alles erreicht, was für ihn zu erreichen war, und er würde „alles haben, ohne noch jemals irgendwohin wechseln zu können".

Als T. seine Gefühle über sein Arbeitsleben erkannte, wurde

ihm auch klar, daß diese Vorannahmen falsch waren. In seiner neuen Position hatte er eine große Vielfalt von Möglichkeiten, und seine Vorgesetzten waren eindeutig der Hoffnung, daß er diese Position nutzen würde, um sich weiterzuentwickeln und kreativ neue Wege zu gehen. Als er dies erkannte, verschwand auch T.'s Verzweiflung über seine Arbeit. (Diese Verzweiflung sowohl über seinen Job als auch über seine gefühlsmäßigen Beziehungen, das Gefühl, in beiden Bereichen in einer Sackgasse zu stecken und das „plötzliche" Auftreten einer sehr schweren Krankheit erinnerten den Therapeuten an eine Aussage Jungs: „Wenn eine innere Situation nicht bewußt gemacht wird, erscheint sie als von außen gegebenes Schicksal." Als er dies in einer der Sitzungen mit T. erwähnte, dachte dieser einige Minuten darüber nach und schüttelte dann den Kopf in vollkommener und trauriger Übereinstimmung.)

Der Therapeut betonte T. gegenüber immer wieder, daß er sich in den Bereichen, die innerhalb der Therapie zur Sprache kamen, wunderbar weiterentwickeln würde, daß es jedoch noch mindestens zwei andere Bereiche gebe, die er bisher nicht beachtete – den körperlichen und den spirituellen Bereich. Im körperlichen Bereich war mit der Umstellung der Ernährung ein Anfang gemacht worden – mehr aber auch nicht. In ständiger Rücksprache mit seinem Onkologen probierte T. eine Reihe körperlicher Aktivitäten aus. Er trat einem bekannten New Yorker Sportverein bei, der Kurse in mehreren Sportarten anbot. Er probierte einige davon aus und versuchte herauszufinden, welche in der aktuellen Phase seines Lebens die richtige für ihn war und ihm bei der erforderlichen Aufwertung seines körperlichen Daseins helfen könnte. Nach einigen fehlgeschlagenen Versuchen fand er heraus, daß das Bahnenschwimmen im nahegelegenen Schwimmbad exakt das richtige für ihn war. Er schwamm langsam Dutzende von Bahnen und konzentrierte seinen Geist ausschließlich auf das Schwimmen, in vollkommenem Bewußtsein dessen, was er tat, und ohne sich ablenken zu lassen. Wenn er aus dem Pool stieg, empfand er meist ein Hochgefühl – er fühlte sich gut in Form, ruhig und voller Energie. Er beschloß, viermal pro Woche vor der Arbeit schwimmen zu gehen und hatte das

Gefühl, daß dieses Programm – in der aktuellen Phase seiner Entwicklung – das richtige für ihn war.

Auf rein intellektueller Ebene war T. sich seinerzeit im klaren darüber, daß er nichts tat, um den spirituellen Teil seines Wesens auszudrücken oder zu nähren, und daß dies nicht in Ordnung war, weil er vor diesem Teil seiner selbst nicht einfach flüchten konnte. Er versuchte, den spirituellen Teil seines Wesens zu entdecken und zu erfahren. Er wußte, daß er auf der Suche nach einem größeren Kontext in seinem Leben war und daß dieser sich bei verschiedenen Menschen auf verschiedene Weise ausdrückt: bei einigen als direktes Verständnis ihres Einsseins mit dem Kosmos, bei anderen als Identifikation mit der gesamten Menschheit, indem sie bestimmte Dinge zu ihrer Weiterentwicklung tun, und wieder bei anderen – idealerweise – in beiden Formen gleichzeitig. Er nahm an katholischen Exerzitien teil und empfand sie als „interessant" und „angenehm", ohne daß sie für ihn eine wirkliche Bedeutung gehabt hätten. Einige Zen-Seminare, bei denen die Teilnehmer einen Großteil des Tages in einer zumindest von ihm als unbequem empfundenen Körperhaltung saßen, empfand er als interessant, jedoch nicht angenehm. Nach einer Zeit des Ausprobierens entschied er, daß die im zweiten Kapitel beschriebene, aus der östlichen Tradition stammende Atemzähl-Meditation das war, wonach er gesucht hatte. Er begann damit, täglich regelmäßig eine halbe Stunde lang zu üben. Er fand heraus, daß er sich dadurch den ganzen Tag lang besser fühlte und mehr Energie zu haben schien, daß er weniger „Durchhänger" hatte und sich mit sich selbst und anderen mehr im reinen fühlte.

Wie die anderen strukturierten Meditationen trainiert und stärkt auch diese Übung den Geist in ähnlicher Weise, wie das regelmäßige Trainieren in einem Fitneßstudio den Körper trainiert. Bei gewissenhafter Durchführung über einen längeren Zeitraum führen derartige Übungen zu transzendenten Einsichten, bei denen man ein tiefes Verständnis für das Einssein des Menschen mit dem gesamten Kosmos gewinnt und erkennt, daß unsere Entfremdung und unser Getrenntsein Illusionen sind. Das regelmäßige Arbeiten mit einem Programm aus Meditationsübungen, die den Geist disziplinieren, hilft einem dabei, sich effektiver in einer Welt der „Vielheit", aber auch in einer solchen „des Einen" zu bewegen.

Etwa ein Jahr, nachdem T. begonnen hatte, mit dem Meditationsprogramm zu arbeiten, wurde er von einem Kollegen zu einem Treffen der „American Association for the United Nations" eingeladen. Der Ansatz dieser Organisation sprach ihn an, und er begann, sich für ihre Arbeit zu interessieren. Inzwischen ist er leitender Beamter in einem Bereich dieser Organisation und gehört diversen Ausschüssen auf nationaler Ebene an.

T.'s Hodgkin-Krankheit sprach gut auf die Bestrahlung an. Die Tumore bildeten sich zurück und verschwanden für etwa ein halbes Jahr. Dann wurden bei einer Röntgenuntersuchung erneut einige Tumore entdeckt, was eine neue Serie von Bestrahlungen erforderlich machte. Die Tumore verschwanden erneut und sind seit über dreißig Jahren nicht mehr aufgetaucht.

T. hat während dieser Zeit sowohl sein Bewegungs- als auch sein Meditationsprogramm mehrere Male geändert. Was in einer bestimmten Phase unserer Entwicklung gut für uns ist, ist nicht notwendigerweise auch in einer anderen Phase das Richtige. T. hat auch seine Ernährung mehrmals umgestellt, und zwar sowohl aufgrund neuer Erkenntnisse als auch wegen seiner eigenen Bedürfnisse. In der Position, auf die er zu Beginn seiner Krankheit befördert worden war, hat er acht Jahre lang gearbeitet; danach ist er auf eine höhere Position bei einem anderen Unternehmen übergewechselt. Er hat Freude an seiner Arbeit, führt eine glückliche Ehe und hat zwei Kinder, von denen eines ein koreanisches Adoptivkind ist. Sein Leben bezeichnet er als „abwechslungsreich, aufregend und faszinierend". „Mein einziges Problem ist, daß der Tag nur vierundzwanzig Stunden hat und es genügend Dinge gibt, mit denen ich mich sechsunddreißig Stunden lang beschäftigen könnte."

Am Beispiel T.'s sehen wir, wie ein Leben in so vielen Bereichen wie möglich aufgewertet werden kann. T. hat die Verantwortung für sein eigenes Leben übernommen und dabei Rat und Hilfe bei vielen Lehrern und Therapeuten gesucht. Ganzheitliche Medizin bedeutet nicht, sich einer Zusatztherapie anstatt der Schulmedizin zuzuwenden. (Obwohl dies dem Bild entspricht, das vielfach von Angehörigen alternativer Heilformen entworfen wird, die glauben, sich in einem Kampf gegen die Schulmedizin zu befinden. Diesen Menschen geht es jedoch um einen Machtkampf, nicht darum, einen neuen gesundheitlichen Ansatz zu entwickeln.)

Nach dem Verständnis der ganzheitlichen Medizin ist Gesundheit viel mehr als nur die Abwesenheit von Krankheit: Sie ist ein Prozeß der Annäherung an eine möglichst erfüllte, möglichst freudevolle Teilnahme an jedem Aspekt des eigenen Lebens. Je weiter man auf diesem Weg kommt, in desto höherem Maße verfährt man nach dem ganzheitlichen Ansatz.

Die folgende Fallgeschichte ist ein Beispiel dafür, wie jemand diesen Ansatz auf sein Leben anwendete, ohne daß eine Erkrankung dafür den Ausschlag gegeben hätte.

Martin war Professor für Wirtschaftsmanagement an einem College mittlerer Größe in einer Großstadt an der Ostküste. Er war Ende Dreißig und geschieden. Er hatte eine Tochter, die etwas über zehn Jahre alt war und bei ihrer Mutter lebte. Martin sah sie gelegentlich am Wochenende oder an Feiertagen.

Körperlich hatte er eigentlich keine Beschwerden, aber – wie er später sagte – „an mir und in meinem Leben gab es auch nichts, was so richtig in Ordnung gewesen wäre". Seine Ferien verbrachte er meist in Hotels für Singles in den Bergen. Er beschrieb die Aufenthalte dort als „angenehm promisk".

Martin war mit mehreren alleinstehenden Frauen befreundet und hatte mit zwei dieser Frauen nicht allzu leidenschaftliche, nette, langfristige Affären. Jedes Jahr hatte er darüber hinaus vier bis sechs kürzere Beziehungen, die ein Wochenende dauerten oder höchstens ein bis zwei Monate. Mit Männern verbanden ihn keine engeren Freundschaften. Er war witzig und intelligent und wurde von seinen Verwandten oder Bekannten häufig zu Parties eingeladen, auf denen ein zusätzlicher Mann benötigt wurde oder er Frauen vorgestellt wurde, die ihn gerne kennenlernen wollten. Derartige gesellschaftliche Anlässe machten ihm Spaß, aber er betonte, daß sie „zu nichts führten". Er war einmal bei einem Swinger-Club gewesen und hatte an einer nächtlichen Orgie teilgenommen, war jedoch kein zweites Mal hingegangen. Wenn man ihn dazu befragte, erzählte er einem meist die Geschichte von Voltaire, der zu einer Orgie eingeladen wurde, die Einladung annahm, seine Sache hervorragend machte und sich weigerte, dasselbe noch einmal zu tun mit den Worten: „Beim ersten Mal ein Philosoph, beim zweiten Mal ein Perverser."

Auf dem Höhepunkt der Jogging-Welle begann er mit dem Joggen und trainierte mehrmals wöchentlich. Später ging er, wie viele andere Menschen in vergleichbarer sozialer Stellung, zum Tennisspielen über.

Um es kurz zu sagen, kann man zitieren, was Tolstoi über Ivan Iljitsch gesagt hatte: „Sein Leben war so gewöhnlich, wie es nur sein konnte, und daher so schrecklich, wie es nur sein konnte." Es war ein angenehmes Leben, in dem er eine hohe soziale Anerkennung genoß und ständig beschäftigt war, dem jedoch jeder tiefere Sinn abging. Er hatte eine Lebensweise gefunden, die keine Anforderungen an ihn stellte und in keiner besonderen Beziehung zu seiner persönlichen Existenz stand.

In dem Sommer, in dem er neununddreißig Jahre alt wurde, entschloß er sich, einen Teil seiner Ferien in Neuengland wandern zu gehen, anstatt die Ferien nach gewohnter Manier zu verbringen. (Er hatte kurz zuvor den Film „Goodbye, Mr. Chips" im Fernsehen gesehen, in dem Robert Donat einen Lehrer spielt, der ein ödes Leben an einer englischen Schule führt und bei einer Wanderung in den Alpen Greer Garson trifft, was sein gesamtes Leben verändert. Martin hatte den Eindruck, daß dieser Film ihn bei seinem Entschluß beeinflußt hatte.) Er wanderte drei Wochen lang ganz allein und bekam immer mehr das Gefühl, daß sein Leben irgendwie leer sei, daß etwas darin fehle. Während er in der frischen Frühlingsluft von Vermont und New Hampshire wanderte, fühlte er sich gleichzeitig heiter und niedergeschlagen. Er spürte, daß er etwas Neues brauchte, hatte aber keine Vorstellung davon, was das sein könnte.

Seinerzeit war ihm nicht klar, daß er etwas durchlebte, das der Psychiater Carl Jung die „zweite Adoleszenz" genannt hat. Nach Jung erleben diejenigen Menschen, die überhaupt das

Glück haben, in diese Phase zu kommen, sie zwischen dem fünfunddreißigsten und dem fünfzigsten Lebensjahr. Diejenigen, bei denen diese Entwicklungsphase erfolgreich verläuft, wenden sich von ihrer primären Orientierung an der Meinung anderer Menschen ab und einer Weiterentwicklung der eigenen Persönlichkeit zu.

Nachdem er wieder in die Stadt zurückgekehrt war, vereinbarte Martin einen Termin bei einem Psychiater, den er auf einer Party kennengelernt hatte und der ihn dadurch beeindruckt hatte, „daß er jemand zu sein schien, der richtig fest in der Welt verankert ist". Bei der Zusammenarbeit mit diesem Psychiater wurde ihm klar, daß es eher so war, daß er sich dem Leben angepaßt hatte anstatt umgekehrt. Dabei hatte er sich selbst als Individuum völlig aus dem Blickfeld verloren.

Er begann gemeinsam mit dem Therapeuten zu ergründen, wer er eigentlich war. Als erstes fand er heraus, daß er ein Mensch war, der Freude daran hatte, Neues zu lernen, dies jedoch „vergessen" hatte und seinem Geist für lange Zeit keine frische Nahrung mehr hatte zukommen lassen. Er begann, über die Geschichte des Wirtschaftsmanagements und seine Verbindung zu anderen Bereichen kultureller Entwicklung zu lesen (und besuchte einige entsprechende Seminare an dem College, an dem er lehrte und an einer nahegelegenen Universität). Innerhalb von zwei Jahren begann er zu seiner eigenen Überraschung, diverse neue Seminare abzuhalten (er hatte über fünfzehn Jahre hinweg immer wieder dieselben Seminare gegeben) und verschiedene Artikel zu diesem neuen Interessensbereich zu verfassen, so daß er sich den Ruf eines Experten auf diesem Feld erwarb.

Die Ergründung seines Innenlebens brachte Martin auch dazu, sich mit seiner tiefsitzenden Angst vor ernsthaften Beziehungen und davor, sich selbst ganz von etwas einnehmen zu lassen, zu befassen. Seine Beziehung zu seiner Tochter verbesserte sich merklich, ebenso die Beziehung zu einer der beiden Frauen, mit denen er seit längerem befreundet war. Inzwischen sind sie zusammengezogen und betrachten diesen Zustand als „möglicherweise dauerhaft".

Martin hat darüber hinaus das Interesse an Jazzmusik aus den dreißiger und vierziger Jahren wiederentdeckt, das auf seine eigene Zeit als Collegestudent zurückgeht, und hat viel Freude daran. Er hat auf Anraten seines Therapeuten sowohl Yoga als auch Zen ausprobiert, dabei jedoch den Eindruck gewonnen, daß beides für ihn in der aktuellen Phase nichts ist. Er hat verschiedene Formen körperlicher Bewegung ausprobiert, unter anderem Karate und Gewichtheben, und schließlich mit Tai Chi etwas gefunden, die ihn erfrischt und belebt. Tai Chi ist eine alte chinesische Bewegungsform, in der alle Bereiche des Menschen durch eine Reihe fließender Bewegungen, auf die der Geist sich vollkommen konzentriert, integriert werden. Diese Bewegungen sind ursprünglich den natürlichen Bewegungen der Tiere und Vögel abgeschaut. Sie sind wie ein langsamer Tanz, bei dem im Rhythmus eines langen, tiefen Atmens verschiedene Stellungen eingenommen werden. Es handelt sich um eine Bewegungsmeditation, bei der jeder Muskel sachte beansprucht wird und die Durchblutung und der Energiefluß im Körper angeregt werden. Tai Chi ist sowohl Bewegung als auch Meditation. Bei ausreichender Übung führt es zu einer „passiven Heiterkeit", einer „ruhigen Aufregung" und dem Gefühl des Einsseins mit dem Universum.

An der Wand über dem Schreibtisch von Martins Therapeut hing ein Plakat mit den Worten „Wenn wir den Kosmos heilen, heilen wir uns selbst. Wenn wir uns selbst heilen, heilen wir den Kosmos." Martin hat Schritt für Schritt erkannt, daß er seinem Leben einen Kontext geben muß, eine Teilhabe am Leben der Menschheit. Er arbeitet inzwischen an zwei Abenden in der Woche ehrenamtlich in der Buchhaltung einer Umweltorganisation. Dies erscheint ihm als Befriedigung eines Bedürfnisses, von dem er früher gar nicht wußte, daß es da war.

Er geht so sehr in seinem Leben auf, daß er sich nicht fragt, wieviel Freude es ihm bereitet: Er weiß um die Bedeutung und den Wert dieses Lebens. Er lacht und sagt: „Ich bin gespannt, wohin mich meine nächste Reise führen wird."

Wie diese beiden Fallgeschichten illustrieren, besteht eines der leitenden Prinzipien der neuen Methode darin, daß der betroffene Mensch selbst aktiv wird. Sie müssen aktiv danach suchen, was für Sie gut ist. Finden Sie heraus, welche Therapieformen Ihnen zur Verfügung stehen und welche Ergebnisse sie wahrscheinlich erbringen werden. Heilung hat etwas mit Neugierde zu tun. Seien Sie neugierig, und nehmen Sie Ihr eigenes Schicksal in die Hand. Es ist dort um einiges besser aufgehoben als in fremden Händen.

Es gibt noch ein zweites Prinzip, das sich in diesem Buch wiederholt gezeigt hat: Es gibt keinen grundsätzlichen Widerspruch zwischen den verschiedenen Methoden. Wenn Sie einem Bereich etwas Gutes tun, fügen Sie damit einem anderen Bereich keinen Schaden zu. Edward Cheraskin, einer der führenden Experten auf dem Gebiet ganzheitlicher Gesundheit, führt in diesem Zusammenhang in einer Reihe von Büchern und Artikeln als Beispiel an, daß es keine Ernährungsform gibt, die lediglich bei einer bestimmten Erkrankung ratsam wäre. Eine bestimmte Ernährung tut Ihnen entweder gut oder nicht. Sie ist nicht gut für Ihre Zähne und schlecht für Ihre Hämorrhoiden oder umgekehrt. Wenn etwas schlecht für Ihre Zähne ist, dann ist es auch schlecht für alles andere. Um es in Cheraskins Worten zu sagen: „Der Punkt, auf den es ankommt, ist, daß im Zweifelsfall der gesunde Menschenverstand nahelegt, daß Zucker nicht nur schlecht für die obere Hälfte des Körpers, sondern auch für seine untere Hälfte ist. Es gibt keine Menschen, die von der Taille abwärts krank und von der Taille aufwärts gesund sind."

Cheraskin betont weiter, daß eine Ernährungsform Ihnen guttun kann oder auch nicht, daß es jedoch keine Ernährung gibt, die für alle gut ist. Jeder Mensch hat individuelle Bedürfnisse. Wenn Sie zum Beispiel in der Stadt leben und relativ viel Blei einatmen, benötigen Sie mehr Vitamin C, das sich gut dazu eignet, mit dem Blei eine Verbindung einzugehen und eine Substanz zu bilden, die der Körper ausscheiden kann. Wenn Sie rauchen oder Aspirin oder die Pille einnehmen, benötigen Sie ebenfalls mehr Vitamin C, denn diese Dinge beeinträchtigen das

Vermögen des Körpers, Vitamin C aufzunehmen. Wenn bei Ihnen alle vier Dinge zutreffen, dann brauchen Sie ganz sicher viel mehr Vitamin C als ein Mensch, auf den diese Dinge nicht zutreffen.

Diese Prinzipien – die Ganzheit und Einheit der Person und die Einzigartigkeit jedes Menschen – bilden das Fundament der ganzheitlichen Medizin.

Der Weg zur Mitte

Lawrence LeShan
Vom Sinn des Meditierens
Schlüssel zu einem erfüllteren Leben
Band 4615
Klar, anschaulich und mit vielen Beispielen zeigt der Therapeut und
Meditationsmeister, wie man durch Meditieren Gelassenheit und
persönliche Stärke entwickelt.

Miriam Freedman/Janice Hankes
Streßfrei und entspannt
10-Minuten-Yogaübungen am Arbeitsplatz
Band 4548
Wie man den Streß am Arbeitsplatz ruhig und gelassen angehen kann –
schon auf dem Weg dorthin. Ein praktischer Ratgeber.

Jon Kabat-Zinn
Im Alltag Ruhe finden
Das umfassende praktische Meditationsprogramm
Band 4533
Eine Fülle von Tips, wie sich alltägliche Situationen in meditative
Übungen umwandeln lassen, und wie man neue Kraft aus eigener
Stärke gewinnt.

Hans-Harald Niemeyer
Yoga erleben – Gelassenheit im Alltag finden
Band 4518
Wie Yoga auf den ganzen Menschen wirkt, zeigt der erfahrene Lehrer in
diesem Begleitbuch für Übende und Neugierige.

Ngakpa Chögyam
Reise in den inneren Raum
Einführung in die tibetische Meditationspraxis
Mit zahlreichen Abbildungen
Band 4516
Den eigenen Weg erkunden und aufmerksam beschreiten. Ein
anschauliches Begleit- und Übungsbuch zur Meditationspraxis.

HERDER / SPEKTRUM

Dalai Lama
Der Friede beginnt in dir
Wie innere Haltung nach außen wirkt
Band 4451
Die moderne Auslegung der wichtigsten Lehren über den Weg zu innerem und äußerem Frieden. Einer der schönsten Texte des Buddhismus.

Thich Nhat Hanh
Zeiten der Achtsamkeit
Mit einer Einleitung hrsg. von Judith Bossert und Adelheid Meutes-Wilsing
Band 4492
In der Übung der Achtsamkeit liegt der Weg zum Wesentlichen. Die schönsten Texte des bedeutenden Meditationsmeisters.

Thich Nhat Hanh
Lächle deinem eigenen Herzen zu
Wege zu einem achtsamen Leben
Hrsg. von J. Bossert/A. Meutes-Wilsing
Band 4370
Die einfache, tiefe Botschaft an Menschen, die in der Hektik des Alltags beim Gehen schon ans Rennen denken.

Christian Kuhn
Heilfasten
Heilsame Erfahrung für Körper und Seele – Fasten nach der Buchingermethode
Band 4433
Fasten kann zum inneren Aufbruch werden: Die berühmte Buchinger-Methode des Heilfastens nimmt innere Bedürfnisse nach Ruhe und Besinnung ernst, die im Alltag zu kurz kommen.

Elisabeth Lukas
Lebensbesinnung
Wie Logotherapie heilt. Die wesentlichen Texte aus dem Gesamtwerk
Band 4391
Die grundlegenden Einsichten der Autorin zeigen, wie Logotherapie wirkt und wie jeder einzelne deren Prinzipien anwenden kann.

HERDER / SPEKTRUM

Gina Kaestele
Essen im Einklang mit Seele und Körper
Das richtige Maß finden – ein praktisches Selbsthilfeprogramm
Band 4395
Eine befreiende Erkenntnis: So finden sie ohne Frust und mit Genuß
zum seelischen und körperlichen Gleichgewicht.

Werner Gross
Hinter jeder Sucht ist eine Sehnsucht
Die geheimen Drogen des Alltags
Überarbeitete Neuausgabe
Band 4365
Der erfahrene Psychotherapeut zeigt, wie wir lernen, mit dem Sog des
„Immer-Mehr" umzugehen.

Tenzin Choedrak
Ganzheitlich leben und heilen
Der Leibarzt des Dalai Lama über Vorbeugung und Therapie von
Krankheiten
Mit einer Einführung herausgegeben von Egbert Asshauer
Band 4263
Die sanfte tibetische Heilkunde: eine echte Alternative zur hochtechni-
sierten Apparatemedizin.

Karlfried Graf Dürckheim
Meditieren – wozu und wie
Band 4158
Geheimnisse erfahren und sich als ganzer Mensch verwandeln. – Eines
der reifsten und praktischsten Werke Karlfried Graf Dürckheims.

Niklaus Brantschen
Fasten neu erleben
Warum, wie, wozu?
Band 4058
Fasten ist mehr als nicht essen. Es weckt Sehnsucht nach einem
veränderten Leben: gesund werden, aber auch fastend sich selber finden.

HERDER / SPEKTRUM

Lebenshilfe

Carl Leibl/Gislind Leibl
Schneewittchens Apfel
Eßstörungen und was sich dagegen tun läßt
192 Seiten, Paperback
ISBN 3-451-23140-9
Eßstörungen: ein Signal des Körpers – die Verletzungen gehen tief.
Erfahrungen von zwei bekannten Therapeuten.

Wighard Strehlow
Wie Hildegard-Medizin vorbeugt und heilt
Die Praxis für ein gesundes Leben – Erfahrungen mit dem
Gesundheitsprogramm der heiligen Hildegard
ISBN 3-451-26409-9
Die praktische Anwendung der Hildegard-Medizin bei den großen
chronischen Zivilisationskrankheiten.

Henri Brunel
Die Fünf-Minuten-Entspannung
22 Übungen für alle, die viel Streß und wenig Zeit haben
ISBN 3-451-26380-7
Für alle Gestreßten: In Minutenschnelle tief entspannen und
anschließend topfit durchstarten – das ist das Konzept dieses Buches.

Kwan Lau
Feng Shui – leicht gemacht
Den eigenen Lebensraum harmonisch gestalten – Energie-
blockaden lösen
ISBN 3-451-26370-X
Die jahrhundertealte Tradition des chinesischen Feng Shui verständlich
und praxisnah erklärt und auf heutige Verhältnisse angewandt.

Friedrich Graf
Ganzheitliches Wohlbefinden – Homöopathie für Frauen
Ein Begleiter für die wichtigsten Lebensphasen
ISBN 3-451-22681-2
Sanft heilen und gesund bleiben: Ein kompetenter Ratgeber für Frauen
in allen Lebensphasen, die „natürlich" gesund sein wollen.

HERDER